中世の女性と仏教

西口順子

法藏館

口絵１　恵信尼像（龍谷大学蔵）

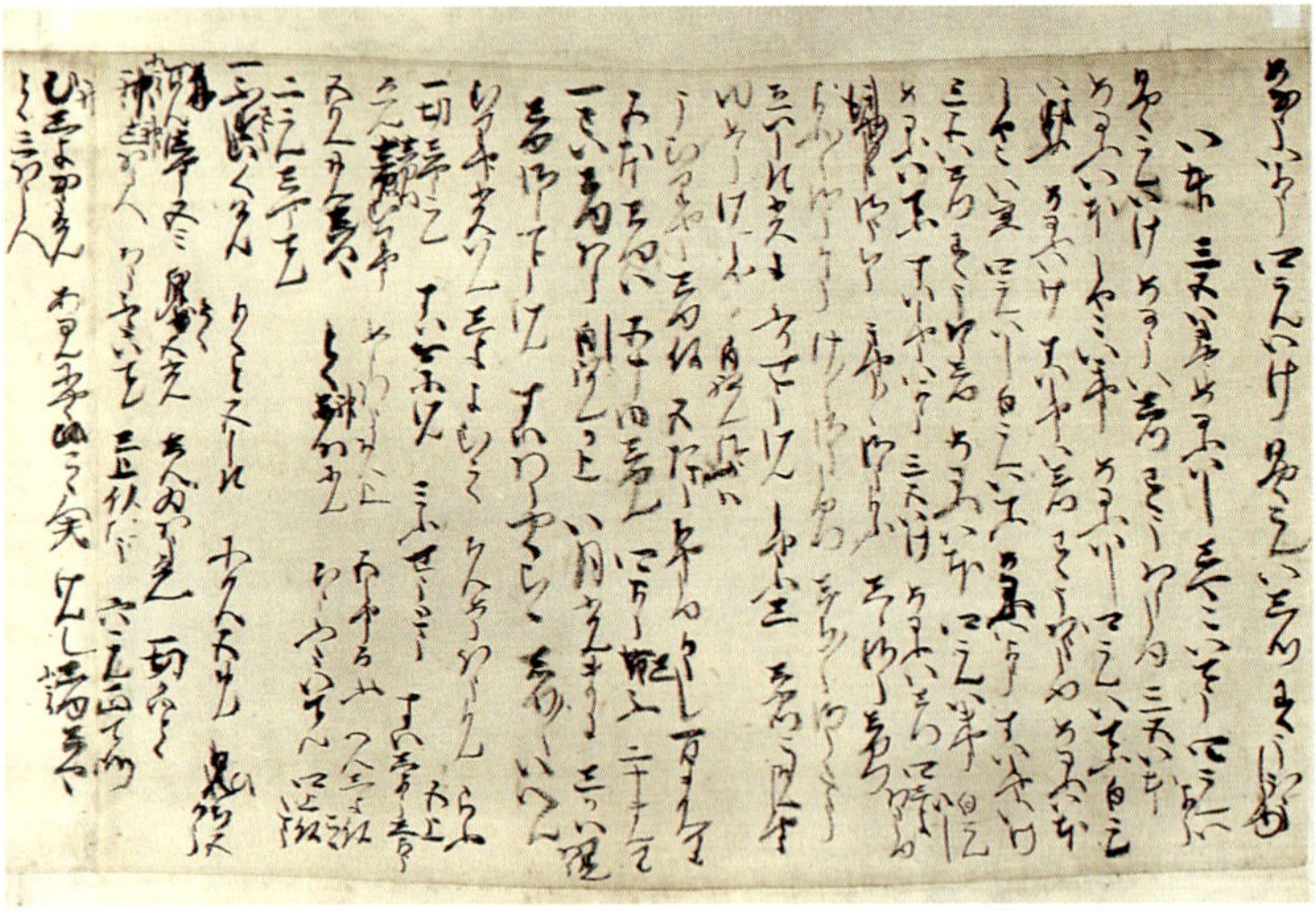

口絵２　「恵信尼自筆音読無量寿経」冒頭部分（西本願寺蔵）

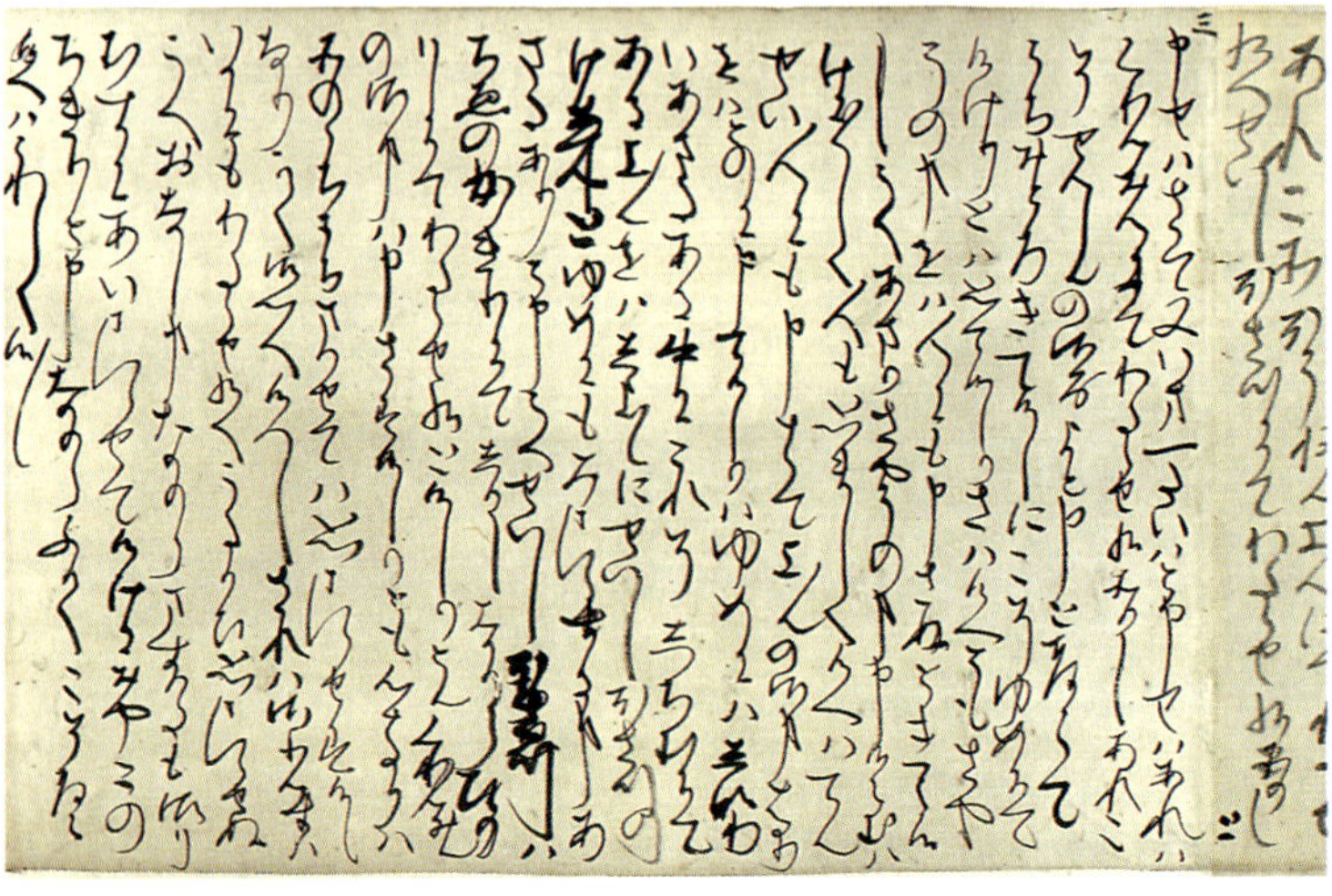

口絵３　「恵信尼書状」第三通・部分（西本願寺蔵）

口絵 4　仏光寺本山絵系図（仏光寺蔵）

口絵 5　光源寺絵系図（光源寺蔵）▼▶

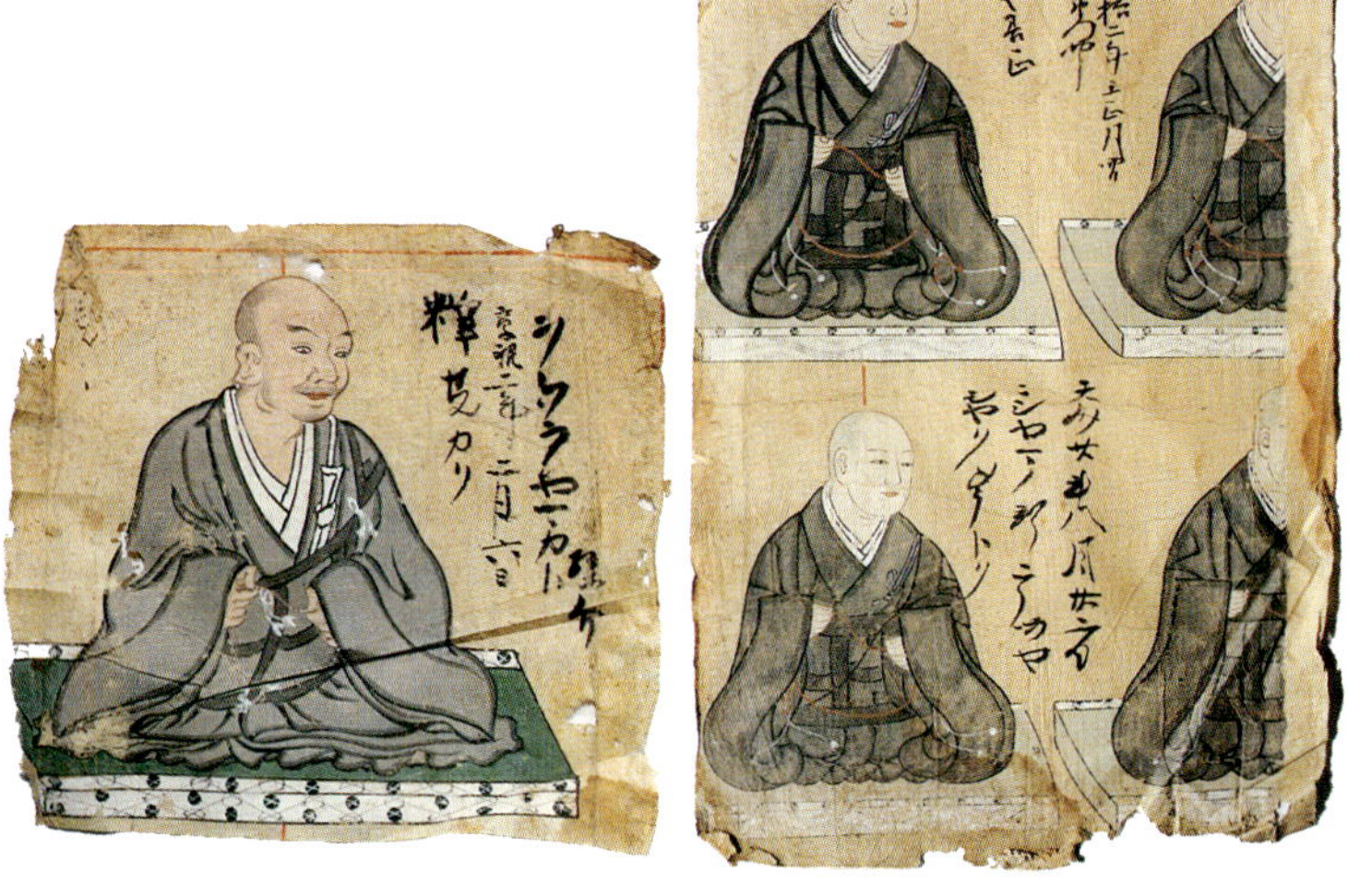

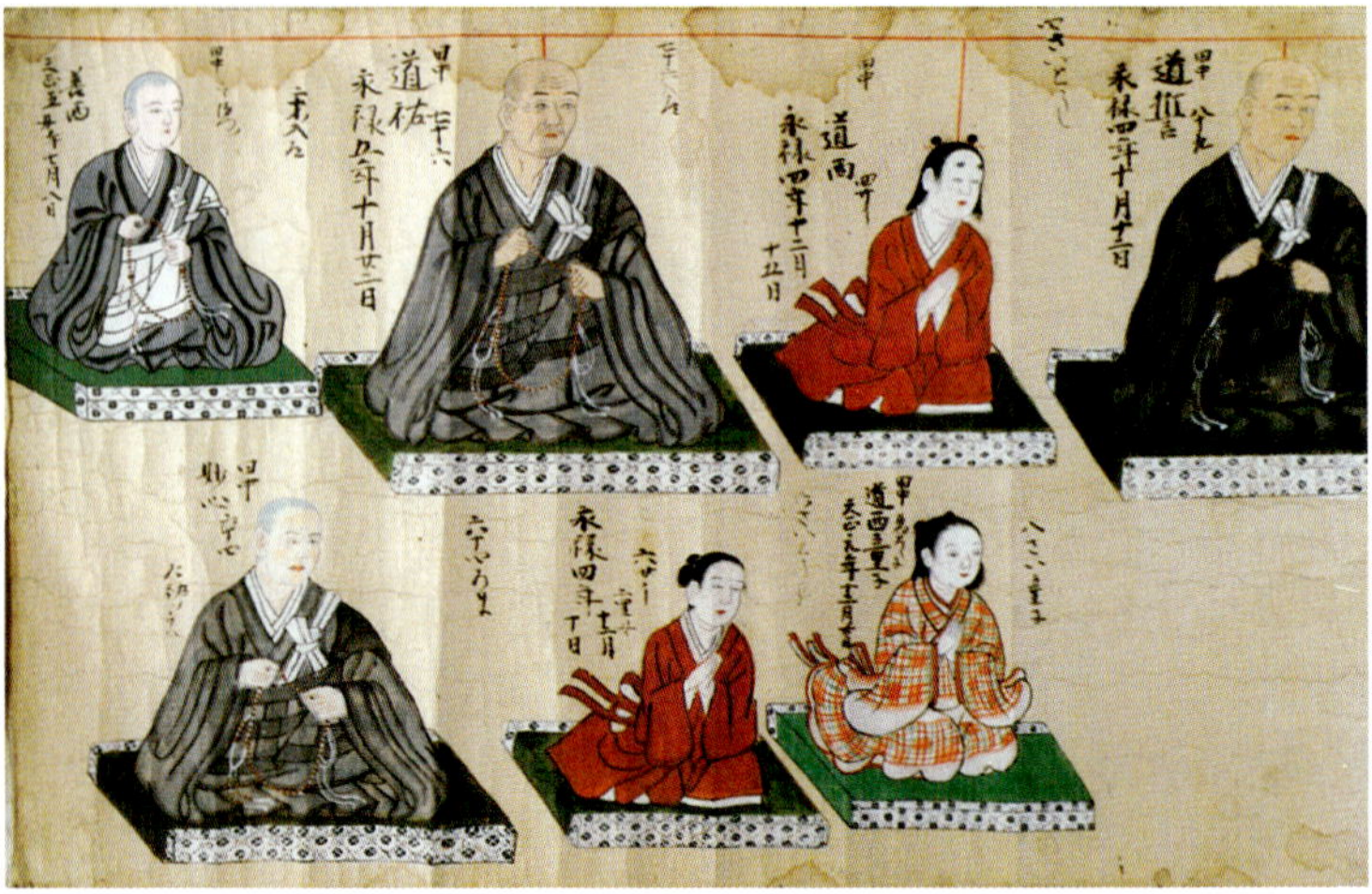

口絵 6　光明寺絵系図（光明寺蔵）

口絵 7　光明寺絵系図（光明寺蔵）

中世の女性と仏教＊目次

Ⅰ 「家」と尼

II　性と血筋

Ⅲ　僧と妻

Ⅳ　絵系図の人びと

中世の女性と仏教

I 「家」と尼

女性と亡者忌日供養

はじめに

尼は僧と対等ではなく従属した存在であり、尼寺は尼にとって自己実現の場とはなりえなかった、といわれている。また、尼を含む女性全般についても、宗教的大衆として救済の対象となりえても、指導者にはなりえなかった、とされている。

しかし、このような理解は、仏教のもつ女性差別思想——女性を劣ったもの、救済すべき対象としかみてこなかった高僧たちの文言と、これを組織していった教団の指向を引きずっているといえなくもない。宗教的大衆は女性だけではない。男性においても同様であり、たとえ僧であっても、一握りの僧を別として、大部分は宗教的大衆であった。

八世紀の尼の活動を正面から取り上げ、尼が経典を読めないとか、理解能力がなかったとか、仏事遂行能力がなかったという考えが定説となっているのに対して、これを何の根拠もない予見に満ちた考えからきているものとし、尼がすぐれた経典読誦《どくじゅ》能力・理解力を持ち、仏事遂行に尼が関与したことを実証した勝浦令子氏の研究を参照すれば、尼のイメージはまったく変わったものになるであろう(1)。中世の尼と尼寺を見直す必要があることは、あらためていうまでもない。

また、宗教的大衆が望むものが何であるかを、高僧たちの文言から切り離して考えるならば、その実態がより明確になることもいうまでもないと思われる。

女性は家政における役割はもちろんであるが、貴族社会で女性が仏事執行の中心的存在であったことを明らかにし、その信仰生活を描き出した小原仁氏をはじめ、既婚女性の信心にスポットを当てた勝浦氏の研究など、家と女性・尼にかかわる問題は確実にひろがりをみせている(2)。

日本における家の祭祀の主要部分のひとつに、亡者忌日供養があることは、あらためていうまでもないであろう。家の仏事と女性については、小原氏の研究により多くを知ることができるが、ここでは、宗教的大衆が仏に何を求めたかを問いつつ、亡者忌日供養にかかわる尼(女性)をめぐって考えることにしたい。

一　女性の寄進

尾張四観音のひとつとして信仰を集める名古屋市の笠覆寺《りゅうふくじ》(または笠寺)は、呼継《よびつぎ》の浦に打ち寄せた流木が夜々不思議な光を放っていたのを、禅光という僧侶がこの木をもって十一面観音を造立、天平五年(七三三)に一寺を建立して小松寺と号し、本尊として安置したという開創伝承をもつ。

のち、暴風雨で堂舎が顚倒し、本尊のみが野ざらしになっていたのを、一人の女人が笠を差し掛けて覆ったところから、笠寺と称するようになった。女人はのち藤原兼平《かねひら》室となり、兼平は延長年間（九二三〜三一）に堂舎を再建し、数百町の田畠が施入された（『尾張国笠寺縁起』）。

笠覆寺が霊場として人々に知られるようになったのは、貧しい女性が、観音への信仰によって貴族の妻となった、という女性の幸福を実現した観音の利益が共感を呼び、この話を語って信仰をすすめた勧進聖の活動があってのことであった。

『笠覆寺文書』嘉禎四年（暦仁元年・一二三八）十二月付の「阿願解《あがんげ》」によると、勧進聖の阿願は、退転した寺を再興しようとして、領主の比丘尼《びくに》念阿弥陀仏に、寺の由来を記した「流記《るき》」を示して往古の霊験を語って聞かせたところ、尼は笠寺の由来や観音の霊験についていままで知らなかったことを恨み、喜んで古寺の跡地に一寺を建立し、敷地の荒野三町余と水田一町二段を施入した、という（『鎌倉遺文』五三三六号）。

これより先の六月付「念阿弥陀仏寄進状」によると、「ほしさきのてらを、かさてらのくわんをんによせまいらする、しきちでんハくのこと」として荒野三町余、水田一町二段、そのほか「むめはさま、同まつはさまのいけしろ」計二段半が寄進されている。念阿弥陀仏は寄進について、以下のように述べる。

右、件田ハく、よせまいらする心さしハ、わうこ《(往古)》のれい《(霊)》地、けん《(験)》仏にましますうゑに、こ《(故)》おほあき御前、こ殿、をなしきんたち《(公達)》のハ、御前をハしめて、たい〳〵《(代々)》の御ハか《(墓)》所なり。したがひて、我身やまひをうけて、出家の後、させる大願なくて、何なく十よねんハすてにすきぬれとも、くわこ《（過去）》の後生ほたい《（菩提）》を、あハれになけきかなしミて、そのせんなき所に、しかるへくいまこのくわんをん《（観音）》、けんてう《（厳重）》のけしきとも、あらハれいて給ゆへに、行すゑたえせぬせんこん《（善根）》、くわし《（過去カ）》のさいしょう《（罪障）》も、かろませ給へき事かと、うれしくおほえて、こんりう《（建立）》したてまつる所なり。（『鎌倉遺文』五二六二号）

星崎の地はもと熱田社領で、年貢は高く、神役・院役が課せられていたため、阿願は本社熱田社に願い出て、寺の縁起と念阿弥陀仏の寄進の由来を述べて、寺敷地三町内の殺生禁断、神役・院役の免除、検非違使所《けびいしどころ》の使者の乱入狼藉の停止を許されている。さらに阿願は熱田社司が実行しない場合を懸念して、暦仁元年（一二三八）十二月に宣陽門院庁（熱田社は宣陽門院領であった）に願い出て安堵された（『笠寺縁起』宣陽門院庁下文）。

右に引用したとおり、「念阿弥陀仏寄進状」は仮名書きで、若干の漢字が交じっているが「三法」（三宝）などの当て字もある。この寄進状がはたして念阿弥陀仏自身の手になったものかはわからないが、このなかで、念阿弥陀仏自身の出家について、それが信心から出たのではないことを明白に記している点で興味深い。

念阿弥陀仏が尼となったのは、病気が契機であって、出家後もとくにこれといった大願があったわけでもなく、何となく十余年がうち過ぎてしまった。夫の没後、後家となって出家し、菩提を弔ったというのでもなく、尼となってからも仏道修行に励むとかいうのでもない。おそらく、夫の没後は在俗のまま子どもの養育と領地の経営に携わってきたものであろうし、出家してのちもその生活は何ら変化がなかったであろう。

当然のことであるが、「阿願解」と「念阿弥陀仏寄進状」の間には微妙な違いがある。阿願は念阿弥陀仏の所領内にある本堂・僧房の跡地に一寺を建立して施入し、「笠寺」として、寺内の殺生禁断と神役・院役免除を得たならば、本家熱田社ならびに貫主のために祈願するであろう、という。事実、その後の笠寺は、熱田神宮寺座主《ざす》が別当職《べっとうしき》を兼ねていた。[3] 念阿弥陀仏が勧進に応じた理由は、この地が「こおほあき御前、こ殿、をなしききんたちのハ、御前をハしめて、たいく〵の御ハか所」だったからである。したがって、在地領主たる念阿弥陀仏は「ほしさき寺」の建立者として、

> ほしさきをゆつりえんともからの中にも、子々そんく〵のすゑまても、このてらにいろひ（綺）をもなし、わつらひを申いたさんものハ、をやのかたき、せんそのかたき、三法の御かたきたるへケれハ、たとひゆつりをもちたりとも、ほしさきを段分もしるへからす、草のかけにても、くちをしと思へき也、

と、笠寺寄進後の将来を定めた。念阿弥陀仏にとっては、「ほしさき寺」が「笠寺」となっても、一族の寺として存続させる意志を示したといえる。

念阿弥陀仏の寄進は、阿願の勧進に応じてのことであった。ただひとり、過去の人々の後生菩提を歎き悲しんだところでせんないところ、と考えていた。そこに阿願が来て、観音の利益を解き、勧進に応じれば罪障も軽くなり、後生善処がかなうと説明したのであろう。

念阿弥陀仏は在地領主クラスの女性であったから、先祖代々の墓所に寺を建て、観音のためにその寺と土地を寄進することができた。寺を建てることもかなわなかった人々が、零細な土地を寄進したり、灯明料を寄進したりする例は多い。

阿願のような堂舎再興をすすめる勧進聖は、どこの寺にもいた。摂津国勝尾寺に残っている中世の寄進状のうち、女性の寄進の大部分は一段前後の土地で、勝尾寺僧の勧進に応じてであった[4]。東大寺の大仏灯油料、高野山御影堂《みえいどう》陀羅尼田《だらにでん》など、いずれの場合も勧進聖の活動によるものである。聖たちがどのような言葉で勧進したかは明らかではないが、寄進状の文言からみると、亡くなった身内か先師の供養のためであり、聖たちの思惑と、勧進に応じた人々の願望がわかる。

『東大寺文書』中、大仏灯油料として寄進・買得した文書群がある。寄進状全体からみた場合、僧俗男女とも祖父母・父母および親族、夫妻の親族と先祖（僧の場合はこのほか師匠が加わる）の滅罪生善・後生善処と自分自身の現世安穏と後生を願うものがほとんどである。寄進状の中に女性の寄進状が若干含まれている。あるいは自らを孝女に擬して慈父悲母の出離生死・後生善処を祈り、あるいは夫・子どもの後生を祈り、自身の後生を祈る文言である。

たとえば、建長四年（一二五二）五月十五日、比丘尼願阿弥陀仏は「昔貧女一灯の微志を表し、親しく釈尊の記別に預かる」と記して、自身の忌日に一夜分の灯油料にしたいと所当米三升を寄進し、滅罪生善・往生浄刹を願いつつ、同年七月二日に没した。また、嘉慶三年（一三八九）二月九日付で、大和国添上郡河上荘内の灯油料田作職を寄進したセンサイ御前の娘法妙とヒメツル女は

「およそ、諸善中は、燃灯の大善もっとも勝れたり」といって寄進を望んだ母の遺言を実行し、悲母の願に応えて極楽往生を願った。(5)「貧女の一灯」の文言は、勧進聖が女性に対して説く常套語句であろう。

『高野山文書』にも、御影堂陀羅尼料として寄進した「御影堂陀羅尼田寄進状」がある。これも大部分が僧と俗人男性による寄進であるが、このうち、女性寄進者の文言に「五障の雲はれがたく、三明の月光を失う」(徳治二年四月六日「藤原氏女御影堂陀羅尼田寄進状」)とか、「五障三従の身たるによって」(正平七年閏二月十五日「尼妙阿弥御影堂陀羅尼田寄進状」)、「女人五障の罪深き故」(弘安二年二月日「比丘尼持蓮御影堂陀羅尼田寄進状」)などとある。(6)文言は類型的で、文例もしくは類語が存在したことを思わせる。これも女性自らの意思で記したものとするより、女性のための文例をもとに記されたと理解するほうが妥当である。

女性は罪が深いとか、五障三従であるとかいった女人不成仏の文言が、女性の仏教信仰を語る際の常套句的用法において受容され、定着してゆく時期については、ほぼ九世紀後半からであり、その理由は儒教思想と仏教の習合にあると考えられている。小原仁氏の研究によると、五障三従・変成男子などの文言を記す願文は、皇族や上流貴族の女性の信仰に関係して表れ、文人貴族が依頼を受けて草するもので、常套句として用いたものであって、願文によって彼ら文人貴族の仏教理解を知りえても、女性たちのそれとは言いがたく、何故に女性は不成仏の差別を受けてしかるべきかという理由づけを欠如させた、きわめて観念的な受容であり、この受容の仕方は中世に至るまで変化

がなかった、という。(7)

中世から近世、法会の際に用いられていた願文や表白《ひょうびゃく》が残っている。その内容は経典、神祇、寺院、仏像、堂塔・石塔供養や田畠施入、師主や弟子、父母・祖父母・兄弟・夫婦・子・孫、養父母・養子・乳母の追善供養などで、施主の多様な要請に応じることのできる文例集や類句を集めたものもある。いずれにしても、願文や表白を作成するときの手引きとなるわけで、『本朝文粋《ほんちょうもんずい》』『続本朝文粋』など、平安期の文人貴族の作品を典拠にしたものも多い。とくに追善供養の文例が多いが、これは特定の宗派に限定されない傾向であると考えられている。(8) こうした文例の存在は、女性自らが草したものでないことの傍証となろう。

僧侶たちは、自分たちが学んできた教学を下敷きにした女性観と女人成仏・往生論をもって呼びかけたことであろう。自ら仏道修行を志して尼となった女性や、知識階級であった貴族女性たちは、僧侶たちの教えに従って経文を読み、理解し、自分たちが「五障の身」であることを自覚し、仏に救いを求めたことと思われるが、東大寺や高野山の周辺に住む女性たちが自分自身を「五障の身」であり、「変成男子」を望んでいたとも思えず、そこには、女性自らの理解とは当然隔たっていたと考えられる。

たしかに東大寺や高野山に田地を寄進した女性たちは、「尼〇〇」「〇〇尼」または「〇阿弥陀仏」など、法名や阿弥号を名乗る者が多く、尼姿であったと思われる。しかし、これも先の念阿弥陀仏と同様、夫に死に別れたか、または病気のために尼となった家尼で、尼寺に住む尼ではなかったと思われる。家にあって田畠を耕作し、子どもを養育しつつ、勧進聖のすすめに応じて零細な土地を仏に寄進して、亡き夫や父母・子どもの菩提を弔う尼姿の女性が所々におり、供養を仏に頼んでいた。先にもふれたように、男性の寄進状文言もほぼ変化なく、祖父母・父母・妻子の供養を頼むものであった。

女性のための文言を別として、男女とも大きな相違はみられない(9)。では、専門的宗教者の道を歩む尼たちは、いったいどのような宗教生活を送っていたのだろうか。

二　尼と亡者忌日供養

仏教諸宗派は、教団として尼・尼寺を組み込んでいた。顕密仏教および顕密仏教改革派と呼ばれる南都系教団・浄土宗・時衆・禅宗・法華宗などは、それぞれ尼衆集団があったり、僧寺とペアの形で尼寺をもっていた。

たとえば、律宗においては、原則的には僧寺と尼寺が並立し、戒律によって僧衆は沙弥《しゃみ》から比丘《びく》、尼衆は沙弥尼《しゃみに》から式叉摩那尼《しきしゃまなに》、さらに比丘尼へと段階的に僧尼集団を組織していた。禅宗の場合はペアではないが、ほぼ同様の僧尼集団があったと考えられている。

家尼も菩提寺あるいは師主との関係で、教団の末端に組み込まれていたと思われるが、尼寺には住んでいないので、一応切り離しておき、ここでは尼寺に住む尼について述べてみたい。

尼寺は一応、尼の自治にまかされていたが、師の僧によって教育・生活全般において監督されていた。これは仏教教団が本来、尼を僧の監督下におくものであり、古代の尼寺においても同様であって、中世尼寺に限るものではない。

律宗の尼衆の活動については、すでに細川涼一氏の研究によって知られるように、中宮寺・法華寺など尼寺の再興、造像や経論などの刊行のための寄進・勧進活動などにみられる。(10) 数量的には僧侶たちの活動とは比較にならないほど少ないのだが、このことは、尼の活動は表面化しにくく、史料として残ることが少ないことを考えなくてはならないだろうし、また、僧寺と尼寺、僧尼の数の比率も考慮にいれる必要がある。

中宮寺を再興した信如の記した『霊鷲山院《りょうじゅせんいん》年中行事』(11)によると、尼寺の日課は、朝は心地《しんじ》観経《かんぎょう》文《もん》・心経・談義・三十頌、昼は釈迦十二礼・七仏略義・光明真言《こうみょうしんごん》（四十九遍）・八名呪《じゅ》（七遍）・弥《み》勒《ろく》呪（七遍）・随求《ずいぐ》陀羅尼《だらに》（七遍）・舎利《しゃり》講《こう》一座、夕方は礼文・十一面大呪（七遍）・宝篋印陀羅尼《ほうきょういんだらに》（七遍）・釈迦宝号（百遍）・尺迦《しゃか》供養法・光明真言（百遍）・一字心呪（一万遍）・地蔵宝号（六千遍）であった。

毎月の行事は、一日四分布薩《しぶんふさつ》・十一日弥勒講・十五日梵網《ぼんもう》布薩および一昼夜尺迦宝号・十八日観音講・十九日舎利供養・廿一日大師供《だいしく》・廿二日太子講・廿四日称地蔵・廿五日文殊供・晦日梵網布薩と、その間行基・貞慶・道宣・三蔵・鑑真《がんじん》・慈恩・空海・知足院上綱《ちそくいんじょうこう》・先師先妣《せんぴ》（亡母）などの月忌供養となっている。

年中行事としては、正月廿五日五十万遍・廿四日地蔵供、二月五日三蔵会・十一日弥勒供・十五日涅槃会《ねはんえ》・廿二日聖霊会《しょうりょうえ》、三月廿一日御影供《みえいく》、四月十六日結夏作法《けちげさほう》、五月三日五十万遍、七月十四・十五日盂蘭盆供《うらぼんく》・十六日自恣《じし》作法、八月十五日護法会《ごほうえ》、十一月十三日慈恩会・廿五日仏名《ぶつみょう》（三ヶ日）と行基以下と律宗尼衆の忌日、亡祖父母・先師先妣忌日供養で占められる。また、『法華滅罪寺年中行事』のほとんどが「毎月勤行亡者忌日等事」の項で占められ、亡者忌日の供養仏事であり、法華寺尼衆とその父母など世俗での親族であったという(12)。

ところで、僧寺の場合、たとえば、中世後期仁和寺諸院の年中行事を伝える『仁和寺年中行事』（『日本庶民生活史料集成』二三「年中行事」）をみると、二季時正仏事・二季伝法会《でんぼうえ》・結縁灌頂《けちえんかんじょう》・修正会・布薩・曼荼羅供《まんだらく》・円乗寺八講・修二月会《しゅにがつえ》・涅槃会・円融院八講・円宗寺最勝会・法金剛院一切経会・灌仏《かんぶつ》会・円宗寺御八講・円教寺八講・盂蘭盆会・仏名会のほか、宇多天皇御影供、空海の御影供、真言諸祖の御影供などの仏事とともに、光孝・後朱雀（円乗寺八講）・円融（円融院八講）・一条（円教寺八講）・後三条・鳥羽・宇多・二条各天皇の国忌が修される。そのほか毎日のように仁和寺歴代や高僧、源氏一族の忌日仏事が修され、また、毎日三回過去帳を読み上げ、理趣三昧を修するのが日課となっていた。

仁和寺の場合、御願寺であるから、仁和寺に関係の深い天皇の忌日供養を行うのは当然のことであるが、天皇だけでなく、源氏一族の供養や歴代御室の忌日供養が、日々修されていることに注目すると、寺の日々の行事が何であったかを、ほぼ知ることができる。醍醐寺三宝院でも、月々に行う歴代座主の忌日供養は重要な仏事であった(『醍醐寺新要録』十「年中行事類」)。

次に、僧が営んだ仏事のうち、逆修《ぎやくしゅ》について考えてみよう。東大寺の僧宗性(一二〇二〜九二)が願文や諷誦文《ふじゅもん》を集録した『讃仏乗抄《さんぶつじょうしょう》』(13)に、僧成慶が建仁元年(一二〇一)八月に修した逆修善根の文を載せる。初日から七日まで、廻向の対象となる人々のために仏画を描き、経を摺写・書写供養するもので、以下のようになっている。

初　日　釈迦如来像　養母比丘尼のため

第二日　薬師如来像　先考先妣(亡父母)のため

第三日　弥勒菩薩像　先師のため

第四日　十一面観音菩薩像　比丘尼尊妙(多年の友、妻カ)のため

第五日　地蔵菩薩像　亡僧慶賀・亡恩親戚(生前に恩を受けた人々)のため

第六日　不動明王三尊像　最後臨終に魔障《ましょう》の妨げを逃れるため

第七日　阿弥陀三尊来迎像　成慶自身の臨終正念往生極楽

六・七日を除き、初日から五日までが先師と身内など親しかった人々で占められている。彼の逆修善根は、もとより自分のためでもあるが、その大部分は亡者供養にほかならなかった。『讃仏乗抄』には続いて尼の逆修善根を載せるが、これも初日は先考、第二日先妣、第三日養君、第四日寺主大法師、第五日六道衆生、第七日臨終正念、第八日往生極楽となっている。逆修の内容が僧尼を問わず、亡父母と身内をまず挙げていることは、亡者供養については僧尼を区別するものはないこ

とを示す。

ふりかえって見るならば、忌日供養を行わない寺院は皆無に等しいといってよい。奈良・平安時代、天皇のために建立された官大寺・御願寺、藤原氏の興福寺をはじめとする数々の氏寺・家寺、中世の在地領主が建立した菩提寺など、いずれの場合も親族の後生を弔うための寺院であった。

尼寺の場合も同様である。牛山佳幸氏は、文和四年（一三五五）八月二十三日付の尼明阿寄進状に、「おや、おほちめん〳〵のほたい所として、御てらをたて、めひひめいちをひくにになし、坊主として、永代総持寺の御寺へきしん申所也」とあり、深恩院が高氏一族の菩提寺として建立されたものであり、初代坊主の姪「ひめいち」だけではなく、高氏一族の女性が入寺していたこと、尼衆たちによって高氏菩提を弔う機能をもっていたと推測している。さらに、総持寺のほか善妙寺（山城）、円成寺（伊豆）、遍照心院（山城）、一蓮寺（甲斐）、景愛寺（山城）、東慶寺（相模）など、いずれも非業の死を遂げた夫や息子のために菩提を弔う菩提寺的性格の尼寺であったという(14)。したがって、菩提寺が尼寺であってもなんら不都合はなく、尼が親族（世俗）とかかわりをもつのはこのような場であった。

尼寺の亡者忌日供養は、ひとつには、家尼が夫と父母の菩提を弔うこととほとんど変わらない、ともいえる。しかし、以上の僧寺の例からみても、また、菩提寺として尼寺が建立されていたことからみても、尼寺のみ日常的に亡者忌日供養を営んでいたとみることはできず、むしろ僧寺・尼寺にとって重要な仏事とされていたのである。とくに律宗の場合、亡者忌日供養は主要な仏事のひとつであった。それは叡尊（一二〇一〜九〇）の始めた光明真言会である。

文永元年（一二六四）九月四日から七日七夜、叡尊ははじめて不断光明真言会を行った。翌年草した願文によると、「没後の追福においては、衆中の救助を頼む。中陰一廻（四十九日）の間、懇篤に似たりといえども、下世《かせい》累歳（死後年を重ねる）の後、頗るもって等閑なり。よってこの別行を営んで、永代作善となす。出家の五衆八斎戒の輩、ならびにこの衆等の恩、所当寺の大檀那《おおだんな》、浄仏土において再会を期せんがために、名字を過去帳に載せるところなり」とある。(15)

叡尊が定め、同三年九月二十二日改定した「西大寺毎年七日七夜不断光明真言勤行式(16)」に、「亡者を過去帳に載せるべき事」として、

右、この勤行《ごんぎょう》の起こりは、専ら同法を訪《おとな》うためなり、これによって、名字を過去帳に録し、祈念を未来際に期す。しかればすなわち律法興行より、以降同韻修行の亡者、専寺他寺をえらばず、僧衆尼衆を論ぜず、出家五衆においては、聞き及ぶにしたがってことごとくこれを載せるべし、兼ねてまた当寺ならびに末寺の近住男女、値遇《ちぐう》浅からざるの故、同じくこれを載せるべし、その外勤行の為に群衆するところの現前の僧、及び当寺ならびに常施院近住衆の面々、恩所七衆の数にあらずといえども、恩分黙視しがたきの故、またこれを載せるべし、（中略）しかのみならず、この行法において、運志合力して斎粥《さいしゅく》を営み灯明を供えるの輩、ならびに当寺浄人《じょうにん》等、結縁すでに厚きの故、またこれを載せるべし、この外においては、たやすく載せるべからず、

と、西大寺と末寺の僧衆・尼衆のほか近住の男女、寺辺で寺のために働く人々を過去帳に載せ、当年記入分を読み上げよ、という。さらに、当行事はもし亡者あらば、過去帳を開いてこれを注載し、兼ねて檀越あらば、その約諾に任せてこれを記しおくようにと定めている。

光明真言会で注目されるのは、過去帳の読み上げ、という作法である。過去帳は仁和寺の行事においても毎日読み上げられていた。光明真言会当日に限定されてはいるが、当年記入分が読み上げられ、僧俗に及んでいる。読み上げの形式は、たとえば東大寺修二会（お水取り）のとき、三月五日と十二日に神名帳のあとで読み上げられる過去帳読み上げのように、僧俗の名を読み上げていく形式かと思われるが、定かではない。いずれにせよ、名を読み上げることにより、僧俗参加者のすべてに光明真言の功徳を等しく分かちあうことが目的とされたものであろう。

光明真言会の過去帳は死者への永代作善であったが、院政期に良忍が始めた融通念仏《ゆうずうねんぶつ》の名帳《みょうちょう》や時衆の過去帳、仏光寺了源が始めた名帳・絵系図など、いずれも南北朝・室町時代にひろまり、宗派は違うが、僧俗男女が名を連ねることで念仏の功徳を分かちあい、浄土往生を目的とするものであった。その念仏は死者も生者にも共有された(17)。死者にとっては供養であり、生者にとっては後生の確約であった。叡尊が始め、弟子たちが受け継いだ光明真言会の過去帳への参加は、教団ぐるみの亡者供養であったといえる。

三　中世の尼

中世の家と尼の関係を物語る史料のひとつに中原師守《もろもり》の日記『師守記《もろもりき》』がある。そのなかでも特徴的なのは、家君の父師右《もろすけ》（一二九五〜一三四五）没後に跡を継いだ兄の師茂《もろしげ》と、師守の家に出入りする時衆の尼の活動であろう。中原一族のうち、時衆の尼衆であることが確認できるのは、師右の妹で六条道場（歓喜光寺）の尼衆経仏房で、師守にとっては叔母に当たる。経仏房がどのようないきさつで時衆の尼になったかは不明である。

『師守記』に経仏房の名が見えるのは、暦応二年（一三三九）十一月二十三日、師守が六条御堂に参り、日中《にっちゅう》（正午の勤行）を聴聞したとき、経仏房が茶を進めたという記事に始まる。翌年二月十八日、師守の妻が清水寺に参ったとき、経仏房と智仏房が同道した。三月九日、家君師右夫妻の嵯峨清涼寺大念仏参詣に当たり、師茂・師守夫妻以下一族とともに経仏房・行仏房が同行した。嵯峨の大念仏は、融通大念仏といい、律僧の導御（円覚十万上人）が弘安二年（一二七九）に始めたもので、世阿弥の能『百万』の舞台ともなり、京の春三月を彩る行事として定着していた。中原家では毎年必ず大念仏に参詣しており、行楽を兼ねた参詣であったと思われる。康永三年（一三四四）九月十二日には師右邸に姉妹の讃岐尼公が訪れたときも、経仏房は会いにきて一泊した。

ところで、経仏房は祖父母や父母、姉覚妙の忌日には他の尼衆とともに実家の師右邸で仏事を修しており、中原氏の家の仏事の一端を担っていたことがわかる。

　康永四年（一三四五）二月六日に父師右が没した。『師守記』は死亡当日の記載を欠いているが、初七日前夜に六条尼衆の成一房とともに二十五三昧一座を行い、当日は墓所の霊山に参って念仏した、とある。三七日は成一房および四条道場（金蓮寺《こんれんじ》）尼衆の妙一坊・慈仏房・為阿弥陀仏らが墓前で阿弥陀経読誦念仏を修した。墓前の読経念仏は七七日まで行われた。七七日には中原一族と家臣や親しい人々が諷誦を修した。経仏房は諷誦文の中に「弟子の兄たりといえども、なお尊親の父のごとく、撫育恩潤《ぶいくおんじゅん》を蒙るの間、こと恋慕哀傷を催す」と述べ、師右は経仏房にとって父のような存在であったらしい。その後も月忌・遠忌には墓所に参って念仏を欠かさなかった。

　師右が没して半年後の八月二十三日、三月頃から病気がちであった師右妻の禅尼顕心が亡くなった。師右の二七日に当たる二月十九日に宝光院長老空一房を戒師として出家しており、臨終正念、念仏四十二遍を唱えて事切れたという。このとき、経仏房と行一房は知識として臨終をみとった。葬送のことは持《（地）》蔵堂（宝持寺）長老に申し付け、文永八年（一二七一）十二月二十日に亡くなった肥後殿（師顕）の母や嘉暦年間（一三二六～二九）に亡くなった師右の母のときと同じように、まず持《（地）》蔵堂に送り、ついで墓所の霊山に送って土葬に付した。籠僧《こもりそう》は経仏房・行一房の二名であった。月忌・遠忌も経仏房と伴の尼衆二、三名が来ている。月忌に先立って、六条尼衆による二十五三昧が修され、月忌当日まで続けられた。月忌・遠忌の当日は尼衆も墓所に詣でて阿弥陀経読誦と念仏を修した。

経仏房の六条道場での地位や活動については明らかではないが、貞和二年（一三四六）二月五日の先考（師右）周忌法会時に熊野参詣のため、同三年五月六日の先考月忌に南都下向のため「不参」とあり、中原家に限定された活動でなかったことを窺わせる。師右妻の亡くなったときに知識を勤めたことも、たんに中原家に縁が深いというだけでなく、知識を勤めうる宗教者としての実力がそなわっていたとみるべきであろう。

当然のことであるが、師守は、中原家の家君たる師茂の家で取り行われた仏事だけでなく、師守の家で行われた仏事も記した。師守の家には、四条道場の尼衆がしばしば参入している。師茂の家は六条道場、師守の家では四条道場とそれぞれ師檀関係があったようである(18)。それはともかくとして、師守家では尼衆のなかでも妙一房のかかわりが注意をひく。ただし、妙一房が中原家と血縁関係にあったかどうかはわかっていない。

妙一房がはじめて師守の家に来訪するのは、暦応四年（一三四一）二月十八日のことで、「浄阿弥陀仏（四条道場では代々浄阿弥陀仏を称する）弟子」との注記がある。以後、康永三年（一三四四）正月十七日・同年六月八日にみえ、師右没後の三七日には墓参に加わっているが、月忌ごとに師茂家を来訪した様子はない。師守は妙一房の来訪を「予の方に来る」と記しており、来訪の回数も多い。妙一房とほかに尼衆二〜四人、そのほとんどは父師右の月忌・周忌・遠忌の前日（五日）から当日にかけて別時念仏を行うためであった。

暦応二年十月十五日、師守の妻は茶を用意して四条道場の浄阿弥陀仏の尼衆に届けている。また、観応三年（一三五二）九月二十三日、三条万里小路《までのこうじ》と高倉の間に火災が起こったため、師守は人を遣わして見舞った（二十四日条）。妙一房と師守家とは家族ぐるみの交流があったことを思わせる。

中原家の墓は霊山にあった。葬送一切については、男性が亡くなったときは樋口寺、女性が亡くなったときは持蔵（地）堂が深く関与した。(19)男女死亡者の葬送が寺により分担されている点で注目されるが、必ずしも妻の場合が里方であることを意味していない。没後供養については、経仏房の属していた六条道場や四条道場の尼衆は男女両方に参入している。

六条・四条の二道場に限らず、大宮道場の尼衆が祖母の忌日に来臨し、忌日には毎月参入しているという（暦応二年〈一三三九〉七月五日条）。また、康永元年（一三四二）六月五日・同四年四月五日には三条坊門油小路道場の尼衆が参入しており、『師守記』に、月の五日ないし翌日に、たんに「尼衆」とのみ記載している場合も、大宮か三条坊門の尼衆が参入していたと考えてよい。ただし、月の五日の尼衆参入は、康永四年四月五日の遠忌に三条坊門尼衆が参入して以後はみえない。月忌を行わなくなったのか、師右の没後、月忌が月の六日になり、六条道場尼衆が参入するようになったためか、いずれにせよ、大宮・三条坊門道場から参入することはなくなっている。

師右夫妻・師茂と六条道場、師守と四条道場、師守祖母と大宮・三条坊門道場の尼衆たちとの関係をみるとき、家の祭祀に深く関与した一族出身者の尼を中心とした尼衆の積極的な活動があった。それも、たんなる亡者忌日供養や二十五三昧だけではない。経仏房は、師右妻の臨終時には知識として位置づけられており、宗教者として重要な役割を果たしていた。

経仏房の活動が特別な例であったのではない。すでに林譲氏が指摘しているように、代々吉田神社の神職を勤めた吉田家と四条道場金蓮寺とは関係が深く、吉田兼豊《かねとよ》の弟兼右《かねすけ》（法名了阿）の娘が為仏房と号する四条京極道場の尼衆であり、『吉田家日次記《ひなみき》』応永九年（一四〇二）五月十九日条に、五月三日に没した兼熙《かねひろ》の妻の姪に当たる時衆道場浄宝寺（麓道場）の尼衆「愛智」の名がみえている。兼熙は亡くなる数日前に、妻とともに浄宝寺住持運阿上人を戒師として出家しており、その葬送も浄宝寺通智寮が関与していた(20)。

仏事の執行は、もちろん僧衆の主導のもとに行われていたであろう。しかし、僧衆のみで成り立つとするならば、『師守記』に頻繁に記される尼衆参入の記事は説明がつかなくなる。葬送・忌日供養の仏事に、僧衆と尼衆の役割分担が存在したことを意味することは、以上述べたところからも明らかであろう。中原・吉田家ともに、近親者の女性が時衆道場に入り、尼衆として生活しながら、葬送・忌日供養仏事にかかわっていた。たまたま両家は時衆であったが、このような例は、十四〜十五世紀の貴族社会で広く存在したと考えられる。

四　死者の肖像

中原師右の没後、七七日に当たって、妻顕心は阿弥陀三尊来迎絵像を描かせ、そのなかに夫の影像を描かせた(21)。

一周忌仏事は、貞和二年（一三四六）二月六日に行われた。持仏堂には本尊阿弥陀木像・如意輪観音木像と先人（師右）以下の影像を懸けた。阿弥陀木像は持仏堂の本尊、如意輪観音木像は内持仏堂から移して安置されたものであるが、先人以下の影像は、妻が描かせたものと思われる。

ついで三廻仏事が貞和三年二月五日に営まれたが、このときは師茂が、新しく阿弥陀三尊絵像中に二親を描かせている。絵師は備前法眼《びぜんほうげん》宗円で、七七日の阿弥陀三尊来迎絵像を描いた絵師了智が死亡したため、了智と同じ絵所に所属する宗円に、図絵代三百疋で描かせたのであるという。貞和五年二月六日の師右遠忌（五年）も三廻仏事の絵像を使用している。

年月が前後するが、これとは別に師守は康永四年（一三四五）八月二十六日と貞和元年十月二十三日に、持《（地）》蔵堂で阿弥陀三尊絵像および師右・妻顕心・姉覚妙の影像を供養し、諷誦を捧げており、これは毎月行っていることであるといっている。

影像は、妻顕心が描かせた阿弥陀三尊来迎絵像と、師茂が描かせたものの二種類あったことが確認できる。師守が持《（地）》蔵堂で供養した影像は、年代的には顕心制作の絵像の可能性があるが、別のものかは明らかではない。両親と姉の影像であったが、姉は建武四年（一三三七）に没しているから、すでに単独の影像が存在し、供養されていたとみてよい。単独の影像三幅、もしくは二親が一緒の影像と覚妙影像の二幅であった可能性もある。三人一緒とも思われないが、もし三人が同じ画面に描かれていたとすると、家族単位というあまり類例のない絵像といえる。

夫婦の影像としては、先にふれた『吉田家日次記』応永九年（一四〇二）六月十九日条に、五月三日に没した吉田兼煕のために、新仏ならびに兼煕と妻の影像ができたので、息子の兼敦が迎えにいったという記事がある。影像は初七日を過ぎて発注されており、姿は法体で法衣・袴を着け、鈍《にび》色《いろ》の袈裟《けさ》にせよとの注文を出している（五月二十一日条）。このとき兼熙の妻は存命中であったから、同時に逆修として描かせたものと思われる。ただし、新仏と兼熙夫妻の影像が別々であったか、同一画面に描かれていたかは不明である。兼敦は翌年正月二日に影像を拝して経を読誦し、同三日に

図1　阿弥陀仏絵像（専修寺蔵）

は影像の前で二十五三昧を行っている。

ところで、三重県津市の高田専修寺（真宗高田派）に、江戸時代三河から献上されたと伝える絹《けん》本著色《ぽんちやくしよく》阿弥陀仏絵像がある（図1）。正面向きの来迎絵図で、その前に上畳に坐した男女二人が向き合っている。おそらく夫婦と思われ、白衣に袈裟を着けた姿で、男性は手に数珠を持ち、女性は合掌している。時代的には南北朝から室町初期の作品であるという。(22)真宗の場合、原則的には来迎像は描かないので、この絵像がはたして真宗の絵像かどうかは明らかではないが、中原師右・吉田兼煕の影像の制作とほぼ同時代に、同じような絵像が存在していることになる。

来迎図ではないが、同様の作例としては、岩手県盛岡市本誓寺（真宗大谷派）所蔵の南北朝期の阿弥陀仏絵像の下に、夫婦と思われる法体の男女の影像がある。また、岩手県北上市（個人蔵）応永二十三年（一四一六）七月上旬の年紀を有する善導大師絵像の下方には僧俗六人の影像があり、某居士（法名不明）が、祖父道仙禅門・祖母道祐禅尼・先考道清禅門・先妣聖森禅尼のために描かせたものであることがわかる(23)（図2）。これは、いわゆる「まいりのほとけ」の典型的なひとつとされている。

やや時代は降るが、米沢市の曹洞宗常慶院所蔵の長尾政景《まさかげ》夫妻像は、夫妻の絵像の上に、来迎阿弥陀如来像、左右に位牌が描かれ、その間に一族の法名が書き込まれている。宮島新一氏によると、法名は政景夫人の一族で、夫人の法名「仙桃院」が別筆でのちに記入されており、夫の没後に夫人が描かせたことがわかり、制作年代は永禄期（一五五八〜七〇）に遡る可能性があり、阿弥陀如来

図2　善導大師絵像（個人蔵）
〈『真宗重宝聚英』第6巻、同朋舎出版より〉

は禅宗では用いられないので、おそらく夫人の信仰にもとづいたものであろうという。[24]

以上の例は、『師守記』にみえる顕心発願の阿弥陀三尊来迎絵像に描かれた夫婦影像を考える手がかりを与えてくれる。

絵像は、阿弥陀三尊の来迎絵像であった。おそらく、時衆で多く用いられた阿弥陀三尊絵像のように、蓮台を持った観音と合掌した勢至《せいし》が脇侍《わきじ》に配され、その下に夫婦の影像が描かれたのであろう。また、興味深いのは、善導大師絵像の下部に、家族がひとつに描かれていることである。先に、師守の両親と姉がひとつに描かれた影像が存在したかもしれないと指摘したが、その可能性を示す作例といえるだろう。

中原家の場合、師右没後に影像を描かせたのは妻であった。後家尼が亡夫の供養をするという、ごくありふれたかたちではあるが、妻も影像の中に夫とともに描かれたこと、それは中原家だけでなく、吉田家でも同様であった。生き残った妻あるいは夫が、阿弥陀仏の来迎の光と雲の末端に死者とともに描かれ、法会の本尊とされて供養の対象となっていたことは、中世社会における人々の、仏への心象を映し出しているといってよい。

夫と妻の絵像は、貴族社会でのみ制作されたわけではない。十五世紀以降真宗仏光寺派で制作された絵系図は、上段に夫と下段に妻の絵像が描かれているのは周知のことである。仏光寺派の拠点であった近江の湖東・湖北地域の寺院では、室町時代以降、村の人々を対象とした絵系図が制作されている。そこには、夫と妻、父母、兄弟、子どもたちの絵像が、逆修として、あるいは没後の供養として描かれた。

はじめに指摘したように、父母、夫や妻、子どものために田地を寄進して供養を頼んだ人々、亡き夫のために出家した尼たち、夫の姿を描き、そのなかに自らも描かせた妻たちのいずれもがそうであったように、家の亡者忌日供養は、身分を問わず、人々の最大の関心事にほかならなかったのである。

むすび

以上、中世の亡者忌日供養をめぐって、家尼、尼寺、家と尼のかかわりで考察を進めた。整理しておくと、

(一)従来女性（尼）の主要仏事とされてきた亡者忌日供養は女性に限らず、男女とも共通していること、

(二)尼寺・僧寺ともに主要仏事は、寺に関係深い人々の亡者忌日供養であり、とくに律宗では、叡尊の始めた西大寺「光明真言会」により、亡者供養の意義が説明されていたこと、

(三)貴族社会では同族出身者の尼が、家の亡者供養に深く関与し、近親者たちにとって必要欠くべからざる存在であったこと、

(四)死者（夫）の肖像は供養の対象となっており、生存中の妻も逆修として描かれ、夫婦ペアあるいは家族の肖像画が宗派・階層を問わず制作され、供養されていたこと、

の四点である。

「亡者忌日供養」を通してみるならば、尼が僧に従属する立場にあったとしても、その日常生活では、亡者忌日供養を営む点で共通しており、僧尼を区別すべきものは見当たらないといえる。尼の地位低下とか、僧への従属とかいうのは、尼を僧、つまり男性の目で論じた結果ともいえるわけ

で、それだけでは尼の実像を明らかにはできない。尼・尼寺の研究が積み重ねてきた問題を、いま一度、僧・僧寺との対比を含めて、子細に見直す必要があるのではないだろうか。

註

（1）勝浦令子「八世紀の内裏仏事と女性」（『仏教史学研究』三八―一、一九九五年）。
（2）小原仁「女性往生者の誕生――『中右記』の女性をめぐって――」（大隅和雄・西口順子編　シリーズ女性と仏教3『信心と供養』、平凡社、一九八九年）、「貴族女性の信仰生活――貴族社会における「家」の祭祀――」（西口順子編『中世を考える　仏と女』、吉川弘文館、一九九七年）、勝浦令子『女の信心』（平凡社、一九九五年）。
（3）上村喜久子「中世地方寺院縁起の展開と地域社会」（『年報中世史研究』一七、一九九二年）。
（4）西口順子『女の力――古代の女性と仏教――』（平凡社、一九八七年）。
（5）『東大寺文書』（『大日本古文書』家わけ一八―六「東大寺図書館架蔵文書」）一七九「比丘尼願阿弥陀仏所当米寄進状」・一四三「センサイ御前息女等連署田地作職寄進状」。同様の文言をもつ例は多い。
（6）『高野山文書』「続宝簡集」（『大日本古文書』家わけ一）八四・一〇四・一二五。
（7）小原仁「転女成仏説の受容について」（『日本仏教史学』二四、一九九〇年）。
（8）小峰和明「貞慶『表白集』小考」（『国文学研究資料館紀要』二〇、一九九四年）。
（9）野村育世「鎌倉時代の古文書にみる女性の仏教認識・心性」（『仏教史学研究』三九―一、一九九六年）。
（10）細川涼一『中世律宗寺院と民衆』（吉川弘文館、一九八七年）。
（11）『大和古寺大観』一（岩波書店、一九七六年）。
（12）細川氏註(10)前掲書。
（13）藤田経世『校刊美術史料』寺院編下（中央公論美術出版、一九七六年）。

(14) 牛山佳幸「中世の尼と尼寺」(シリーズ女性と仏教1『尼と尼寺』、平凡社、一九八九年)。
(15) 『西大寺勅謚興正菩薩行実年譜』文永二年「西大寺光明真言会願文」(『西大寺叡尊伝記集成』、法藏館、一九七七年)。
(16) 『西大寺毎年七日七夜不断光明真言勤行式』(『西大寺叡尊伝記集成』)。
(17) 上田さち子「西大寺叡尊伝の問題点」(大阪府立大学『社会科学論集』四・五合併号、一九七三年)。
(18) 林譲「南北朝期における京都の時衆の一動向」(『日本歴史』四〇三、一九八一年)。
(19) 伊藤唯真「『師守記』にみる中世葬祭仏教」(『鷹陵史学』三・四、一九七七年)。
(20) 林譲「三条坊門油小路道場西興寺をめぐって――時衆のいくつかの異流について――」(『仏教史学研究』三一―二、一九八八年)。
(21) 『師守記』康永四年三月二十五日条「顕心諷誦文」。
(22) 平松令三編『高田本山の法義と歴史』(同朋舎出版、一九八九年)。
(23) 信仰の造形的表現研究委員会編『真宗重宝聚英』三・六(同朋舎出版、一九八八・八九年)。
(24) 宮島新一『肖像画の視線』(吉川弘文館、一九九六年)。

天皇家の尼寺
——安禅寺を中心に——

はじめに

『康富記』宝徳三年（一四五一）十一月十九日条に、

今朝三条殿姉妹陽寧院殿《ようねいいん》、景愛寺《けいあいじ》に入院せしめ給うものなり、〈頭注〉□□寺、□□《（五山カ）》は景愛寺、通玄寺《つうげんじ》、壇林寺《だんりんじ》、護念寺《ごねんじ》、恵林院《えりんいん》、此の五ヶ寺なり、安禅寺ハ相承の私寺なり、公廨《くがい》ハアラズト云々、此の寺無用たりといえども、自然これを注し付く、

とある。陽寧院殿がいかなる尼僧かは明らかでないが、『蔭凉軒日録《いんりょうけんにちろく》』寛正三年（一四六二）十一月二十三日条に、景愛寺再住のくじに、前住妙智院《みょうちいん》・興禅院《こうぜんいん》・陽寧院・宝祐院《ほうゆういん》・安禅寺・本光院のうち、陽寧院が引き当てたことがみえ、翌年四月二十日条に退院の申し出があった、としており、景愛寺院主候補の尼寺であったことがわかる。

なかでも、頭注に安禅寺は相承の私寺であって、公廨はない、としていることが注目される。頭

書の空白部分は不明ながら、次の空白はおそらく「五山」すなわち尼五山であり、室町幕府の官寺である。安禅寺が「相承の私寺」であるというのは、幕府の官寺ではなく、代々天皇家の女性が入寺する尼寺であって、五山に列していない、したがって公廨はない、との意味であろう。もちろん、安禅寺が景愛寺長老を出していたことは、上記『蔭涼軒日録』の記載のほか、安禅寺住持で景愛寺に入寺した尼僧は、後述する後花園天皇皇女芳苑恵春《ほうおんえしゅん》と後土御門天皇皇女寿岳恵仙《じゅがくえせん》（追贈）が確認できる。(1)

「此の寺無用たりといえども」の部分は、どのような意味で記されたのであろうか。もし、尼五山の説明のみであるならば、注記は不要である。にもかかわらず、わざわざ注記するのは、それなりの理由があってのことであろう。おそらく、安禅寺は天皇家の尼寺でありながら「公廨の寺」たる尼五山に列していず、『蔭涼軒日録』が記すように、臨済系尼寺の一つとして景愛寺入寺候補の尼寺と把握されており、妙智院や陽寧院などと同列であることを確認しておきたかったからであろう。では、安禅寺とはどのような尼寺であったのか。

一　安禅寺の所在

安禅寺の創建は足利満詮女《あしかがみつあき》浄源院《じょうげんいん》と伝え、(2)『大光寺由来』(3)に広智国師士曇乾峰《しどんけんぽう》が山州八幡に建立したと伝えるが、浄源院は安禅寺住持であったことは確認できるものの、士曇乾峰創建の安禅寺がその前身かどうかは明らかでない。

安禅寺の所在地について、『山城名勝志《やましろめいしょうし》』は「元土御門町《もとつちみかどちょう》云々、今二階町にあり」とみえ、『山城名勝巡行志』は「同所にあり（本禅寺項に記載、京極通今出川ノ南）」で、はじめ西洞院中御門ノ南にあったとするが、『京都坊目誌《きょうとぼうもくし》』は、

扇町南部の地寺町通白梅ノ辻子角にあり。杉之坊と号す。古義ノ真言宗にして、高野山金剛峰寺に属せる尼寺なり。本尊愛染明王ノ尊像を安置す。（中略）当寺創建年月及開基を詳にせず。古へ堀川中御門の地にあり。後ち土御門西洞院の南に転し、僧堯恵《ぎょうけい》を中興とす。始め尼寺にあらざるがごとし。其後西洞院中御門の南に移る。之《これ》を安禅寺町と云。天正年中京極二階町今の扇町に遷り、元禄・宝永・天明の火災に罹る。維新後太く荒廃し、明治十二・三年頃廃寺となる。

とあり、堀川中御門から土御門西洞院、西洞院中御門南（安禅寺町）、京極二階町（扇町）と、転々としていたという。

『建内記』永享元年（一四二九）七月十一日条に「室町殿（足利義教）今日安禅寺に渡御、その席において素玉房参会申すの間、昨日上棟の儀申入ると云々」とあって、堂舎が建造もしくは修築されていたようである。応仁元年（一四六七）に焼亡し（『応仁記』）、一時聖寿寺に仮住まいしていた。

聖寿寺は白雲慧暁《はくうんえぎょう》（一二二三〜九七）が永仁初年（一二九三〜）に住んだ栗棘庵《りつきょくあん》が徳治三年（一三〇八）勅によって聖寿寺と号したもので、大宮安居院《あぐい》あたりにあったという。(4)『山城名勝志』に「幻居山人随筆に云く、東福派白雲北小路にあり、あんずるに、聖寿寺旧蹟今出川通北頬《つら》室町西に

あり」とある。東福寺不二庵開基岐陽方秀《きようほうしゅう》の遺稿『不二遺稿《ふじいこう》』中の「文林禅師二十三回拈香《ねんこう》」(5)に「聖寿堂頭大和尚陞座《しょうざ》説法」とみえ、『言継卿記《ときつぐきょうき》』永禄六年（一五六三）六月二十八日条に、伏見宮邦輔女が正親町天皇猶子として安禅寺に入室したとき、東福寺不二庵長老が安名《あんみょう》を授けており、安禅寺と聖寿寺・東福寺不二庵とは密接な関係であったことが窺える。

文明十一年（一四七九）七月一日、北小路仮皇居が焼亡したとき、後土御門天皇は若宮（勝仁親王、後柏原天皇）と二宮（青蓮院尊伝法親王）らと難を避けて、当時安禅寺殿の在所とされた聖寿寺に移り、内侍所も移された(6)。

安禅寺の再建は『御湯殿上日記《おゆどののうえのにっき》』文明十四年（一四八二）八月三日上棟のことが記され、その位置は『宣胤卿記《のぶたねきょうき》』永正元年（一五〇四）九月二十八日条に「今日後土御門院五回聖忌、安禅寺比丘尼寺、住持当今皇女、土御門町において、御経供養を行わる」とあって、土御門町であったことがわかる。

明治元年十一月に安禅寺役者法光院永賢が提出した『安禅寺由緒』(7)に、

> 往古は皇子御相続在りなされ、剰《あま》つさえ文明十一年七月一日仮皇居内侍所御転座在りなされ候。厚き御趣意に付き、累代の住職へ正僧正の口宣《くぜん》仰せ出だされ候寺格に御座候。往古は境内最も広大に候所、院跡地所相転候事は古今両三度に及び、方今の寺跡小境に候。寺領は元亀の度八千六百余もこれ有り候処、織田将軍の節廃せられ、その後天正の頃豊公再興致され、百六十石御寄付に相成り候。尤も薄録《（ママ）》なる故か皇子御相続止められ、実相院宮御兼帯中、正保四年大僧

都堯恵へ住職仰せ付け以来相続仕り候。

と記されている。「文明十一年」というのは、先にふれた内裏焼亡時の避難所となっていたことをさす。明治元年時点で、もと尼寺であったことは忘れられ、「皇子御相続」つまりもとから僧寺であったとの認識である。信長により寺領を廃され、秀吉によって百六十石が安堵され、その後実相院の兼帯となっていたこと、百六十石の寺領は江戸時代に朱印を得ていたが、吉宗のとき廃され、以後は禁中より六十六石代金子を拝領していた、と記され、江戸時代の安禅寺がわずかながら知られる。

信長が寺領を廃したというのは明らかではないが、『言継卿記』永禄十一年（一五六八）十月十三日条に「安禅寺殿昌蔵主来らる、長橋局において御寺の支証共撰の事申されるの間、則ち参りてこれを撰す、織田弾正忠訴訟の用の為と云々」とあって、言継は安禅寺殿昌蔵主からの依頼で、信長への訴訟のために安禅寺の支証を撰した。永禄十一年十一月九日に、言継が幕府に使者として、岡殿（大慈光院）領丹波国佐伯郷内山内南庄・北庄の知行の儀について、女房奉書を持参した例がある（『言継卿記』）。この時期、公家や寺社は所領の返還を求めて訴え出ており、安禅寺においても同様の行動があったと理解される。(8)

明治九年十一月七日、安禅寺は因幡堂《いなばどう》薬王院に合併され、仏像什具類は薬王院に付し、建物は借入金の返済分として売却、土地は入札された。(9) ここに安禅寺はその歴史を閉じてしまったのである。

では、安禅寺がいつの頃から天皇家の尼寺になったかを、皇女の入室を通して考えてみたい。

二　天皇家の尼寺

応安五年（一三七二）六月二十九日付で、越中国高野庄領家定照が安禅寺方丈文林大姉に宇津宮まつ万疋（京定八千三百二十疋）のうち三分の二を譲る旨の契約状がある。[10] この時点で尼寺であったことが確認できる。状中の文林は、先述の東福寺不二庵の岐陽方秀「文林禅師二十三回忌拈香」にみえる。すなわち、

> 大日本国山城州平安城裡、安禅々寺住持比丘尼恵広《えこう》、応永丁酉臘月十二日、伏して前住恵林後住通玄文林禅師二十五回諱辰《きしん》に遇う。預《あらかじ》め寺衆に命じて諸部経呪を選び取り、或いは読誦、或いは書写枚挙すべからず。今散忌に当たり、霊筵《れいえん》に釘掛け、花果を陳列す。現前に清衆同音に仏頂神呪《ぶっちょうしんじゅ》を諷誦《ほうじゅ》し、聖寿堂頭大和尚陞座説法す。小比丘方秀ここに妙香を焚き、虚空遍法界、一切三宝に供養を尽くす。（中略）文林禅師、戒殊に類いなく、剣芒有り。三隔五礙《さんかくごげ》を脱屣《だっし》して、早く世相の虚仮《こけ》たるを悟る。

とあって、「応永丁酉」は応永二十四年（一四一七）で、この年が文林二十三回忌であったこと、文林は恵林院前住、のち通玄寺に入寺していたこと、「戒殊に無類」と称されていることが知られる。

ついで史料にみえるのは『建内記《けんないき》』嘉吉元年（一四四一）五月七日条に「安禅寺当住は三宝院御

妹」つまり足利満詮《あしかがみつあき》息醍醐寺三宝院義賢《ぎけん》の妹で浄源院と呼ばれた尼僧である。しかし、まもなく義教《よしのり》によって寺を追われ、『建内記』同年七月十七日条は「安禅寺前住帰寺、但し塔頭《たっちゅう》妙源院におわせらると云々、今度面々出頭の者一なり、日来壬生地蔵堂辺において残生を送らると云々」とあって、許されたことが知られる。「面々」とあるように、浄源院一人でなく、同日、後光厳天皇皇女で景愛寺前住の宝慈院《ほうじ》秀仁《いんしゅうじん》も東山御在所を追い出されて宇治に隠居していたのが、許されて京に戻っていた（『建内記』同日条）。原因は不明だが、安禅寺前住と同じく義教によって追放されていたようである。ただし、二人とももとの寺には戻らず、安禅寺前住は壬生地蔵堂の近辺に、宝慈院秀仁は結局京には戻らなかったらしい。

では、安禅寺に天皇家の女子が入寺するようになるのは、いつの頃からであろうか。先の文林と安禅禅寺住持比丘尼恵広が天皇家出自かどうかの確証はない。

『看聞御記』嘉吉元年四月二十八日に「抑姫宮両所御有付の事、定申されるの由、上様内々御物語と云々。珍重也。御乳人立ち帰る。召され急ぎ参り、御使として奉るの旨、内裏姫宮ハ安禅寺、この宮ハ通玄寺曇華《どんげ》庵《あん》へ入らるべきの由承る」、『建内記』嘉吉元年五月七日条に「禁裏姫宮八歳、伏見宮（貞成親王）御実祖父、養い申さしめ給う。目出悦入の由」とみえるのが、芳苑恵春（以下恵春と称する）である。恵春は後花園天皇皇女で、後土御門天皇の姉に当たり、『本朝皇胤紹運録《ほんちょうこういんしょううんろく》』に、母は嘉楽門院《からくもんいん》、一位局と呼ばれた大炊御門《おおいみかど》信子、実父は藤原孝長《たかなが》で、大炊御門信宗《のぶむね》の猶子である。永享六年（一四三四）十月二十八日に生まれ、実祖父貞成《さだふさ》親王（後崇光上皇）のもとで養育された。このとき、伏見宮姫宮（後花園天皇猶子）は通玄寺曇華庵入室と定まった。安禅寺において、天皇家の女子の入室が史料の上で確認できるのは、この恵春からであろう。

恵春については後で述べるが、後花園上皇の葬送および忌日供養にかかわったほか、その行動は『親長卿記《ちかながきょうき》』ほかにしばしばみえる。『親長卿記』文明九年四月十八日条に「去る十五日景愛寺御再住珍重の由申入れおわんぬ」とあり、これより先に景愛寺入寺があったようである。また、談義《だんぎ》聴聞《ちょうもん》、鞍馬寺・石山寺・長谷寺・日吉社などへの社寺参詣は異母妹の真乗寺殿《しんじょうじどの》、伏見宮姫宮の曇華院殿らと同道しており、親長も供をした。先にもふれたが、文明十一年の皇居火災のとき、後土御門天皇は若宮と二宮をつれて安禅寺殿に避難している。天皇が姉である恵春を頼りにしていたことがよくわかる。

『石清水文書』に長享三年（一四八九）、端裏に「五月廿八日」とある中院通秀《なかのいんみちひで》宛ての恵春の消息がある。[11]その内容は、石清水八幡宮護国寺奏清《そうせい》の検校職《けんぎょうしき》就任の勅許について、奏清から依頼された中院通秀は恵春の斡旋を頼み、恵春は自身の口利きだけでなく、白川忠富《しらかわただとみ》にも依頼するようにというものであった。この返事を得た通秀は、六月三日付で「今朝安禅寺殿御披露の処、成否御存知なしといえども、仰せ出さるべきの由、勅答候」と伝えた。六月十日、奏清は後土御門天皇の勅許を得たのである。恵春はさらに通秀に宛てて奏清が謝礼として参内すべき旨を指示している。『御湯殿上日記』同年六月十日条にも「あんせん寺とのの御申にて、八わたのしやむの事、ひんかし山殿へも御たんかうありてなさるる」とあり、義政へも働きかけていたことがわかる。通秀はさしあたって禁裏へ千疋、安禅寺殿へ五百疋、「目出度落居候はば早々御納すべく候」と阿弥陀院に指示している。

恵春は五十七歳の延徳二年（一四九〇）十二月十一日に没した。亡くなる前月まで、恵春が深く帰依した大徳寺春浦宗熙《しゅんぽそうき》の禅師号を禁裏に奏請し、十一月二十三日には正続大宗禅師の号を勅許されるなど、最後まで活動を続けていた（『実隆公記《さねたかこうき》』）。荼毘は千本寂静院《じゃくじょういん》、葬礼は十三日に安禅寺で行われた（『親長卿記』）。明応元年（一四九二）十一月十一日、恵春の三回忌は東福寺長老の了庵桂悟《りょうあんけいご》を導師として営まれ、同五年の七回忌を終えた十二月八日、了庵は恵春影像の賛について、不審のことを三条西《さんじょうにし》実隆に問い合わせている（『実隆公記』）。

安禅寺が天皇家の尼寺としてその存在を示すのは、後花園上皇の死と葬送に、恵春が深くかかわっていたことによる。次に上皇の葬送儀礼を通してみていきたい。

三　後花園上皇の葬送

文明二年（一四七〇）十二月二十六日、後花園上皇が没した。(12)上皇は禁裏焼亡により、室町第（仮御所泉殿）にあった。『親長卿記』によると、上皇命終のとき、歴代天皇の臨終にさいして善知識を勤め、葬送の一切を行うこととなっていた泉涌寺《せんにゅうじ》の僧は一人もいなかった。泉涌寺は応仁の乱の戦場となり、応仁二年（一四六八）八月二十六日に全山が炎上し、僧侶たちが京にいなくなっていたためである。[13] そこで百万遍知恩寺の長老法誉《ほうよ》が臨終念仏を勧めることになった。葬送については、泉涌寺の代わりとして勅願寺の元応寺《がんのうじ》が定められ、近江坂本に移住していた前住の恵忍《えにん》が召し出された。荼毘の地は、これも泉涌寺に代わって泉涌寺末悲田院が当てられることとなった。二十八日夜、遺骸を白雲北小路の聖寿寺に移した。輿《こし》は安禅寺比丘尼御所の輿を使用し、力者は雲頂院・知恩寺を交えた四、五人で、元応寺恵忍が上皇の棺に付き添ったという。

明くる一月三日、上皇は悲田院にて荼毘に付された。事が終わり、知恩寺が諷経《ふぎん》、次に上皇の娘たち、すなわち安禅寺殿恵春・真乗寺殿・大聖寺殿（上皇猶子）が諷経し、参列の人々が焼香した。九日拾骨、恵忍が遺骨を頸にかけて仏前に安置し、受戒の儀を執り行い、のちに聖寿寺の位牌の前に安置された。以後七七日までの間、この寺が在所となる。この日初七日の御経供養が行われた。導師は蓮華院僧都隆玄である。

初七日は代々の先規では薬師像であるにもかかわらず、新造されたのは不動像であった。旧記を尋ねて真光院本尊の薬師像を懸け、仏事を執り行った。十五日（二七日）は南松院の僧正運助を導師として経供養が行われ、この日、二位局（嘉楽門院・大炊御門信子・後土御門天皇生母）が聖寿寺で出家した。二十三日（三七日）の経供養導師は清智僧正が勤め、遺骨は山国常照寺《やまぐにじょうしょうじ》に分骨され、御陵とすべきことと定められた。二十五日、元応寺恵忍に命じて、先帝宸筆《しんぴつ》の地蔵絵像と阿弥陀三尊を供養させている。二十七日は月忌で、安禅寺・大聖寺ら比丘尼宮の沙汰で観音懺法《せんぼう》が行われ、相国寺僧衆二十三人、導師は勝知院主玉涯和尚《ぎょくがいおしょう》であった。二十九日（四七日）経供養の導師は法輪《ほうりん》院公範《いんこうはん》僧都、二月二日は本来ならば五七日忌日に当たるが、法会は五日に延期されている。この日は施餓鬼《せがき》が行われ、夜に入って恵忍を戒師として、安禅寺方丈（恵春）以下比丘尼衆、中院通秀、親長、四辻季春《よつつじすえはる》ほかが受戒している。五日（五七日）、足利義政の別願沙汰として五七日の経供養が清智僧正を導師として行われた。同日、山国常照寺長老春岳《しゅんがく》が参仕し、分骨を受け取った。十一日（六七日）の経供養導師は安居院澄光《あぐいちょうこう》で、この日には遺骨を大原法華堂に納めている。十六日は七七日に当たり、寅剋に陀羅尼《だらに》と例懺法・錫杖《しゃくじょう》があり、葬送の日から続けられていた不断光明真言は終了した。辰剋、恒例の僧衆・比丘尼衆半斎《はんさい》が行われ、出家した二位殿の諷誦《ふじゅ》が献じられた。禁裏以下公卿将軍家より経が進上され、曼荼羅供《まんだらく》と経供養をもって終わり、二位殿と日野富子が布施を出している。十七日、除服の宣下《せんげ》があり、二十三日には遺骨の残りを辛櫃《からびつ》に納めて難波浦に沈めるかどうかの議論があったが、先例が見当たらず、庭田重賢《にわたしげかた》が伏見に下り、しかるべき所に埋めることとなった。結局伏見大光明寺地蔵殿の築山に埋め、のち般舟三昧院《はんじゅさんまいいん》の石塔に移したという(14)。

以上が後花園上皇の死と葬送の次第であるが、悲田院で荼毘に付され、聖寿寺で忌日供養が行われたのは、先にふれたとおり、応仁の乱によって天皇の葬送を行う泉涌寺が機能しなくなっていたからである。こうしたいわば異例の事態にあって、葬送から七七日仏事等の一切を取り仕切ったのは、安禅寺殿恵春であった。

四　忌日仏事と尼衆

上皇荼毘のとき、看経に加わっていた比丘尼衆は、初七日以後の仏事にどのようにかかわっていたのだろうか。『親長卿記』によってみてみると、一月二十六日条に「御比丘尼衆法花懺法、例時常のごとし」とあって、比丘尼衆が懺法を修していたことが知られる。月忌には、安禅寺殿、大聖寺殿の沙汰として、観音懺法が行われ、その後の例時（法花懺法）を義政も聴聞している。二月二日の仏事は、比丘尼衆のみの時（斎）、施餓鬼が行われた。二月十四日にも施餓鬼があり、安禅寺方丈以下比丘尼衆二十余輩が立ち並んだ。夜に入って涅槃会《ねはんえ》があり、涅槃像を掛けて比丘尼衆と元応寺僧衆が左右に立った。

恵春と行動を共にした真乗寺殿と大聖寺殿については明らかでないが、真乗寺殿は『親長卿記』正月三日条葬送記事の注記に「旧院皇女」とされ、『本朝皇胤紹運録』に「母未詳、落飾して尼となり、真乗寺に住す、文明十四年五月四日薨」と記され、もう一人の大聖寺殿は、「旧院御猶子御喝食」とあり、「天皇猶子とす、実父未詳、蓋し伏見宮貞常親王女、落飾して尼となり、大聖寺に住す、長享二年七月二十一日薨、年二十四」とみえる。

上皇没時の恵春の行動については、『山賤記』(15)に、

御中陰は聖寿寺にてをこなはるべきにこそ、院の姫宮かのてらにかりそめなからうつりすませ

たまへハ、かた〳〵たよりも侍るや、此たひのミたれより伊勢にくたり、すゝか川のほとりちかき山さとにすみわたりたまひしに、かしこくかゝる御世におほりあひたまへる孝行のいたり
とおほへ侍り、

とみえ、難を避けて伊勢にあり、上皇の死を聞いて急遽京に戻り、聖寿寺に入っていたという。「鈴鹿川のほとり」というのはさだかでないが、『建内記』嘉吉元年五月七日条に、「伊勢国衙内安禅寺領所」とあるから、伊勢御料所に避難していたものであろう。ちなみに、三重県鈴鹿市東庄内に、恵春が応仁の乱を避けて当地金光寺に住み、上皇の没時に一旦上京したが、再びこの地に戻って亡くなったとの伝承があり、土地の人はその墓を姫塚と呼んだという(16)。

恵春が帰京後に聖寿寺を住まいとしていたことは、『親長卿記』二月十七日条に「早旦安禅寺殿に参る、聖衆(寿)寺」、三月三日条に「晩に及び安禅寺殿に参る　聖衆(寿)寺、御礼の為なり、旧院御影御前に参りて焼香す」と注記され、一年後の上皇一周忌近い十二月二十日にも「次に安禅寺殿に参る、聖寿寺」と記していること、先述の文明十一年七月一日内裏焼亡時に後土御門天皇が安禅寺殿の在所である聖寿寺に移っていることなどにより、文明十四年頃の再建までは、引き続き恵春の住居となっていたことがわかる。二月二十四日の施餓鬼に「比丘尼衆二十余輩」とあって、そのすべてが安禅寺尼衆ではないにしても、数人の尼衆が同居していたことはたしかである。

後花園上皇の遺骸を運ぶ板輿を提供し、聖寿寺に安置したのは、ほかならぬ恵春であった。また、荼毘のとき、三人の姉妹が諷経した。恵春は聖寿寺にあって、葬送にかかわり、日々懺法を修し施

餓鬼を行うなど、月忌、中陰までの仏事に深くかかわっているのである。『親長卿記』一月二十五日条に、大聖寺が進上した御経はまず安禅寺殿の見参に入れ、聖寿寺仏壇の後の棚に置かれた、とあり、以後人々が進上する経は、安禅寺殿をへて供えられたものであろう。中陰以後も、聖寿寺での仏事は恵春によって行われた(17)。

中陰仏事の施主は、おそらく恵春であったと思われる。明徳四年(一三九三)四月二十六日に亡くなった後円融上皇の中陰は、『諒闇記《りょうあんき》』に「明徳度、旧院中陰御仏事施主、未だ定まらず。姫宮一所柳原殿におわす。念仏黒衣を着さしめ給うと云々。彼の姫宮をもって施主に定め奉るべきの由沙汰有り。此の間まず内親王宣下有りと云々」とみえて、珪子内親王が施主であった。『後成恩寺《ごじょうおんじ》関白《かんぱく》諒闇記』には注記があって「旧例は中宮の御沙汰」としており、本来は中宮が施主であったらしい。中宮不在の場合は皇女がその役割を果たしていたものであろう(18)。『建内記』永享六年(一四三四)十月十七日条に、二十日に相国寺で後小松天皇の一周忌仏事を行う際の施主について「明徳度公主殿下と云々、内親王等の皇女大祥寺殿は禅御比丘尼なり、無きによって、去年以来すでに臣下の施主となすなり。よって今度また臣下施主なり」と記しており、内親王不在によって出家した皇女大祥寺殿を施主とした例といえる。この度、出家していない皇女はいなかった。したがって恵春が施主であったと考えられる。

文明三年(一四七一)四月七日は百箇日に当たり、三日から九日まで五種行が修された。堂荘厳具は入江殿三時知恩寺から借用した。十二月二十一日から二十七日の周忌仏事は、安禅寺殿(聖寿寺）で、元応寺沙汰の僧衆により曼荼羅供、南松院僧により五部大乗経供養が行われた。明くる文明四年一月二十二・二十三日、親長は人々が書写した大乗経の銘と筆者の名を注し終えている。

安禅寺殿・真乗寺殿・曇華院殿の三人は、大原法華堂前の墓所へ、文明三年四月二十一日を最初に、翌年から盆前の七月八日には必ず参った。大原墓参、十三日の盂蘭盆の施餓鬼は、この年以後恒例となった。

文明八年（一四七六）九月二日、後花園上皇七回追善仏事は、安禅寺において二尊院長老を導師として如法念仏が修され[19]、ついで十月二十一日、七回忌追善の五種行が元応寺僧衆により営まれ、二十三日には声明、懺法が行われている。十二月当日は、長老が老齢のため寒気をおもんばかってのことであった。ただし、十二月二十七日には例のとおり経供養が行われている（『親長卿記』『実隆公記』）。『親長卿記』には前日の経供養の荘厳に当たり、「堂場具、年来入江殿を用いられおわんぬ、今度火事によって、知恩寺尊体寺等参仕扶持す、幡・花幔・礼盤等相交え借り渡されおわんぬ」とあって、入江殿と知恩寺・尊体寺から荘厳の用具を借用している。入江殿からの借用は年来であった。

文明九年（一四七七）は十二月二十七日、僧衆六人が奉仕して往生講があり、時（斎）の食料は安禅寺殿が沙汰している（『親長卿記』『実隆公記』）。その後の主な仏事を拾ってみると、文明十年（一四七八）十二月二十七日には後花園上皇の作善として舎利講があり、講師食料は禁裏の沙汰であった。ついで十三回忌に当たる文明十四年（一四八二）十月二十六日には法事讃が行われた。

『万の御法』に「かくて当日は御経供養あり、導師ハ公範僧正云々、安楽光院は一とせの回禄の後いまたはかぐ〵しき造営にもおよはす、長講堂はことのほか破壊したれは、おりふししかるへき所なきによりて安禅寺殿にてこれを行はる」とある。同十二月二十六日一品経和歌、二十七日御経供養と続けられた（『親長卿記』『実隆公記』）。

以上を通してみると、主な仏事は一応禁裏沙汰であるが、月忌などの斎は安禅寺殿沙汰であったようである。ちなみに、三条西実隆、甘露寺親長は月忌・祥月命日には安禅寺殿に参り、焼香したと、その日記に記している。

後花園上皇の葬送は、悲田院で荼毘に付され、遺骨は安禅寺に安置されて忌日仏事が修された。それは先述のとおり、天皇家の葬送を行う泉涌寺が機能しなくなっていたからであった。たしかに応仁・文明の乱によって都は焦土となっていたから、天皇家の葬送・忌日仏事を行う寺などなかったであろう。だがそれは、天皇の荼毘所泉涌寺が末寺悲田院に変更されたことの説明になっても、なぜ忌日仏事が尼寺たる安禅寺で営まれたのかという疑問が残る。事実、尼寺が天皇没後の忌日供養の場となるなどの例は皆無といってよいのである。ではなぜ安禅寺なのであろうか。

原田正俊氏の研究によると、中世天皇家の葬送は泉涌寺律僧がかかわってきたが、広義門院の延文二年（一三五七）の葬礼以後、禅宗の儀礼が導入されるようになり、そこには幕府の意向が大きく作用したという[20]。後花園上皇の忌日仏事が安禅寺（聖寿寺）で行われたのは、もともと安禅寺が文林以来東福寺と深い関係をもつ禅宗尼寺であったことによるとみてよい。

初七日忌日仏の本尊について、『親長卿記』正月九日条は次のように記す。

抑も初七日の御仏、代々先規は薬師像と云々、然るに今度不動像を新図せらる、常の儀礼等初七日は不動なり、日野亜相遺失するか、俄に旧記に見出し、薬師旧像を懸けらる、方々を尋ねられ、中院大納言これを召し進らす、真光院の本尊と云々、

すなわち、天皇の葬礼の初七日忌日仏は代々薬師像であり、不動像は常の初七日の儀礼に用いるものであり、日野亜相（柳原資綱）が間違ったのであろうか、と非難し、旧記を確認してから方々を探して真光院本尊の薬師像を掛けたのである。天皇家の忌日仏が代々薬師像を新図する例であったことは、『伏見上皇《ふしみじょうこう》御中陰記《ごちゅういんき》』『後《ご》光厳院《こうごんいん》御中陰《ごちゅういん》以下《いか》御仏事記《おんぶつじき》』などからも窺える。(21)「常の儀礼」とは、禅宗の葬送儀礼を記した『諸《しょ》回向《えこう》清規《しんぎ》式《しき》』(22)では初七日は不動明王としており、足利義満の初七日でも『鹿苑院殿薨送記《ろくおんいんどのこうそうき》』(23)に「御忌日仏不動古仏開眼」とみえる。日野亜相が取り違えたのは、禅宗の儀礼によったからであった。つまり、天皇の葬送から忌日仏事に至るまで、禅宗儀礼がさまざまに取り込まれており、先例は見過ごされがちであり、親長を嘆かせるような事態が起こっていたのである。

後花園上皇は光厳上皇直系で、光厳上皇は山国常照寺で禅僧として死に、葬礼は春屋妙葩《しゅんおくみょうは》が沙汰した。後花園上皇の父貞成親王、祖父栄仁親王、曾祖父の崇光上皇のいずれも、葬送は禅宗の儀礼であった。(24)おそらく、後花園上皇も同じ望みを抱いていた可能性があろう。

先述のように、上皇の臨終念仏を勧めたのは、泉涌寺僧ではなく百万遍知恩寺長老であり、荼毘

は悲田院、泉涌寺の代わりとして葬礼を執行したのは元応寺前住の律僧恵忍、遺骨が納められたのは光厳上皇開基の山国常照寺と大原法華堂、残る遺骨は大光明寺地蔵殿であった。毎日の仏事、七七日、月忌、百箇日、年忌の仏事はすべて安禅寺で行われた。葬送と七七日以下の仏事は、主として山門の僧が導師となり、元応寺配下の僧衆が勤めている。これに対して、毎時陀羅尼、光明真言、懺法、錫杖、施餓鬼と七七日後の日々の行事は月忌などは、聖寿寺僧と安禅寺尼僧によって行われていた。他の寺でなくて、聖寿寺＝安禅寺でなくてはならぬ理由は、禅宗寺院だったからであり、そこに上皇皇女である恵春がいたからであった。後花園上皇の実子は、後土御門天皇、同母姉の恵春と異母妹で、ほかは猶子である。葬送のことを取り仕切ったのも、家族のなかで、他に応じるべき誰もいなかったからであった。

五　後花園上皇以後の安禅寺

さて、後花園上皇以後の安禅寺と天皇家についてみておきたい。

長享二年（一四八八）四月二十八日に亡くなった嘉楽門院の葬送と忌日仏事は般舟三昧院で行われたが、これとは別に、安禅寺でも七七日に大徳寺春甫和尚を招請して仏事、斎が行われている（『実隆公記』長享二年六月八日条）。嘉楽門院は上皇と同じ山国常照寺に葬られている。明応元年（一四九二）七月二十日に亡くなった後土御門天皇生母の贈皇太后源（庭田）朝子の場合も、葬送と忌日仏事は般舟三昧院で行われたが、『実隆公記』永正八年（一五一一）七月二十日条に、安禅寺で経供養を行ったことがみえる。

後土御門上皇は三人の皇女を安禅寺に入室させた。うち一人は伏見宮貞敦親王の息女で後土御門天皇猶子として入室、大永五年（一五二五）得度するが、明応七年二月五日に七歳で没している[25]。文明八年五月二十四日に生まれ、同八月二十八日入室した皇女については、『実隆公記』明応六年六月十一日条に、

> 昨夕安禅寺宮寿岳名字は恵仙、当今の姫宮、御母上臈局、生年廿一歳、数年御病気の人なり、入滅、赤痢所労、纔か七ヶ日なり、無常歎くべし々々、了庵和尚の消息到来、寿岳に景愛前住の事、贈号然るべきの由これを相談せらる、よって件の消息をもって内々禁裏に申入るの処、未だ侍者の階級に及ばざるに然るべからざるか、但し比丘尼中の事御才学無きの事なり、傍難無きの様、了庵和尚進退せらるべきの由勅答なりてえり、

とあって、その名は寿岳恵仙、母は花山院兼子である。没後景愛寺前住号を与えるかどうかについて、侍者にもなっていないこと、才学のないことなどの問題はあるが、了庵に一任された。この記事のみで前住景愛を追贈されたかどうかは確定できないが、了庵からの申し出であり、追贈されたものであろう。

いま一人の皇女智円（母勧修寺房子）は、明応二年（一四九三）三月九日に三時知恩寺に入室し（『御湯殿上日記』）、明応九年一月二日安禅寺に入室、同年四月十五日得度し、永正二年（一五〇五）

二月二十四日退院して岡殿に渡ったとある（『実隆公記』）。理由はわからないが、尼寺を転々としていたらしい。永正十年九月二十一日没している。病気がちであったようで、甘露寺《かんろじ》元長《もとなが》は永正三年一月三十日から毎日のように見舞いに行っている。三十日から加持が修され、二日には物怪《もののけ》は野狐か生霊《いきりょう》で、金打で退散せしめた、また矢を放つと安禅寺殿は「イナウイナウ」と叫んで走り出したともいう。三条西実隆、中御門《なかみかど》宣胤《のぶたね》も二月六日に見舞いに行き、「野狐相交わる所為と云々」と聞いた（『実隆公記』『宣胤卿記』同日条）。

後土御門天皇は明応九年（一五〇〇）九月二十八日黒戸御所で亡くなった。沐浴、入棺は泉涌寺と上皇の勅願寺である般舟三昧院の僧が執り行ったが、葬送、荼毘の一切は泉涌寺で行われた。十二日収骨の儀があり、深草法華堂、一分は雲龍院《うんりゅういん》、一分は般舟三昧院と山国常照寺に分骨されたが、常照寺僧が不参であったため、比丘尼御所に納められたという(26)。比丘尼御所とは、皇女智円が入室していた安禅寺であった。七七日仏事、月忌、年忌等の仏事は般舟三昧院で毎年行われた。永正元年九月二十八日に五回年忌の経供養を安禅寺で行っているが、『宣胤卿記』に「年々伏見般舟三昧院において行わるのところ、土一揆等、路次の物忩《ぶっそう》、未だ休まざるの間、京所において行わるなり」とあって、勅願寺であった般舟三昧院で行わず、皇女智円の住む安禅寺で行われたのである。

ついで、永正四年九月二十八日、

今日後土御門院聖忌今年八年、毎年の儀なり、安禅寺殿において御経供養を行わる、奉行頭弁尚顕朝臣、御導師定法寺僧正公助、題名僧応祐僧都、着座公卿甘露寺中納言元長卿、御布施取、殿上人雅業白川少将、等参ると云々、公卿右大弁宰相御点の処、所労不参、殿上人言綱同じく不参、よって各一人と云々、六位蔵人不参、御布施御承仕これを取りて公卿に渡すと云々、御願文は菅三位草進、(章長)、清書は行季朝臣犬死穢なり、近年御法事、伏見般舟三昧院において行わる、近日遼遠の程、諸人の為に不便の間、天憐をもって近所において行わると云々、安禅寺は土御門町也、故院皇女禅比丘尼、住持たり、其の便によって行わるなり、

とあり、般舟三昧院が遠いため、便宜をはかってのこととしているが、宣胤は、公家仏事は本来安楽光院で行われ、応仁乱後も存続しているから、安楽光院で行うべきではないか、でも近所のほうが便宜があるからだろうか、と不満をもらしている。

後花園上皇以後、葬送は泉涌寺、忌日仏事は後土御門上皇との関係で般舟三昧院になり、安禅寺の役割は臨時的なものとなった。それでも洛外の般舟三昧院に代わって、洛内の安禅寺は天皇家の尼寺として一定の役割を担っていたことがわかる。

後奈良上皇は皇女一人を入室させた。生母は典侍量子である。天文十年(一五四一)十二月十八日に入室(『御湯殿上日記』)、天文二十一年七月二十六日得度(『言継卿記』『御湯殿上日記』)、翌年春頃から患い、母長橋局のもとで養生していたが、夏になって寺に戻っている。[27] 安名、没年は不明であるが、『本朝皇胤紹運録』は二十五歳で没すとある。長橋局の実父は橘以緒(唐橋在数次男)であるが、高倉永家の猶子となっていた。永家の父永康の女姉妹の一人は山科言継の祖父言国の妻で、言継は長橋局を外祖母として信頼し、その依頼によって、女子の阿茶々を安禅寺殿へ入室させてい

る。阿茶々は天文二十四年喝食となり恵桂と称した(28)。

後奈良天皇は弘治三年（一五五七）九月四日に没した。十一月二十三日に葬り、中陰を安禅寺で行ったことが知られる(29)。

正親町天皇は永禄六年（一五六三）六月二十八日、伏見宮邦輔親王女を猶子として安禅寺に入室させた。入室のとき、東福寺不二庵長老、龍西堂、相西堂、久首座と山科言継ら公家が付き添い、不二庵長老によって安名を恵《え》彭《ほう》と付けられ、喝食となった（『言継卿記』『御湯殿上日記』）。『言継卿記』永禄十三年五月五日条に「次に入江殿へ参る、御喝食御所御見参なり、この御喝食御所は、安禅寺殿去月より御兼帯なり」とある(30)。入江殿には、足利義尚女の松《しょう》山《ざん》聖槃《しょうはん》が長老であったが、元亀二年（一五七一）四月十四日に没しており（『言継卿記』）、亡くなる以前から恵彭が兼帯していたものであろう。

史料のうえでみえる最後の尼は誠仁親王皇女である。天正元年十一月二十五日得度、天正七年八月十五日没している（『御湯殿上日記』）。生母は典侍冷泉為益《れいぜいためます》女であるが、誠仁親王没後、興正寺《こうしょうじ》顕尊《けんそん》に嫁して西御方と呼ばれた。皇子の七宮も同十年八月二十五日入室、同十四年十二月一日、一条内基《うちもと》が猶子としたい旨の申し出があり、同十五年八月二十六日に九条兼孝《かねたか》が大坂に下向し、大乗院入室のことを生母の西御方・本願寺顕如室と談合している（『言経卿記』）。ただし、言経は終始七宮を「安禅寺殿」と記しており、大乗院に入寺したかどうかは確認できない。天正十八年十一月五日に没、『言経卿記』同年十一月九日条に「安禅寺殿今夜花《け》開院《かいいん》へ御葬礼これありと云々、此方に申遣おわんぬ、幷びに院号予これを付け申す、言語道断々々、光璘院照山大居士」とある。男子皇族の入寺は七宮のみであり、なぜ、安禅寺に入寺したのかは明らかでない。

元和九年七月、伏見城で徳川秀忠・家光父子に拝礼した比丘尼衆のなかに、すでに安禅寺は入っていない(31)。信長による寺領没収と秀吉の安堵、実相院兼帯という由緒が物語るように、おそらくは七宮入寺を契機に僧寺に転換していたからである。

むすび

以上、室町時代の安禅寺をめぐって若干の考察を試みた、安禅寺は足利満詮女子以後将軍家女子の入寺はなく、天皇家、伏見宮家の入寺が続き、伏見宮家を継承した天皇家の尼寺であった。幕府の官寺たる尼五山に列することはなかったが、後花園上皇の葬送と忌日仏事を取り仕切った芳苑恵春以後、後土御門、後奈良天皇の三代にわたって、天皇家の菩提寺としての役割を担い続けたのである。

天皇の葬送儀礼に関する研究は、近年めざましい進展をみせている。そのなかで、天皇の娘たちが「亡き父の菩提を弔う」という、ありふれた行為のために、かえって見過ごされてきた天皇家の尼・尼寺の活動が確認できたかと思う。少なくとも、天皇家の尼たちは、天皇家に庇護される存在ではなく、むしろ、天皇家と積極的にかかわり、尼寺は避難所となり、没後の供養を頼む存在であったといえる。

比丘尼御所には、ほかに足利氏の女性入寺の尼寺がある。その一々を検証しないかぎり、同一には論じられないかもしれないが、室町時代の尼・尼寺の役割、存在理由をいま一度考えなおしてみる必要があろう。

註

（1）『親長卿記』文明九年四月十五日条、『実隆公記』明応六年六月十二日条。
（2）荒川玲子「景愛寺の沿革――尼五山研究の一齣――」（『書陵部紀要』二八号、一九七六年）註に、「足利満詮女創建より凡そ六人の入寺がみえる。正親町天皇皇子誠仁親王女某が安禅寺に入室し、天正七年八月十五日に同王女の入寂のことが『御湯殿上日記』同日条にみえるが、以後安禅寺に関しては、資料の所見がない」とする。安禅寺については無窮文庫所蔵『安禅寺雑記』がある。内容は記録や歌集類からの抜き書きで、筆者、成立年代は不明だが唯一のものである。室町時代の安禅寺については、菅原正子「中世後期――天皇家と比丘尼御所――」（服藤早苗編著『歴史のなかの皇女たち』、小学館、二〇〇二年）がある。
（3）『大日本史料』第六編之二十三、康永元年十二月十一日、士曇乾峰卒伝。
（4）玉村竹二『五山禅僧伝記集成』（思文閣出版、二〇〇三年）。
（5）上村観光編『五山文学全集』詩文部第三集（裳華房、一九〇八年）。
（6）『本朝皇胤紹運録』『親長卿記』同日条、なお天皇と内侍所は七月十一日条に日野政資亭に移転している。
（7）京都府庁文書『社寺録』庚午十月改、上京之部。
（8）公家については、永禄十一年十月二十日に名字の地である山科七郷中の大宅・野村・西山などの返還を信長に願い出ており、十一月九日には四条家、同十二年三月三日には織田より公家中知行分として山科家知行分、四条家知行分、薄家知行分を書き出しており、四月十五日に、山科言継、烏丸光康、万里小路惟房が織田信長の所に出向き、言継・惟房は率分、惟房は禁裏御料所山国・小野・細川、光康は摂津国知行分のことをそれぞれ申し出ているなどの例がある。寺領安堵については、『大日本史料』永禄十一年十月から十二月条にみえる。

(9)『京都府史』政治部、祭典類付録「寺社沿革類」、土木課「明治九年廃寺銘簿」。

(10)『大日本史料』第六編之三六、徳富猪一郎氏所蔵文書。

(11)『石清水文書』(『大日本古文書』)七八九号・七九〇号・七九一号・七九五号。

(12) 後花園上皇の葬送と忌日仏事については、とくに断らないかぎり『親長卿記』によった。なお、大石雅章「顕密体制内における禅・律・念仏の位置――王家の葬祭を通じて――」(中世寺院史研究会『中世寺院史の研究』上、法蔵館、一九八八年)で詳述されている。

(13)『泉涌寺史』第一章第三節「室町時代」(泉涌寺、一九八四年)。

(14)『大日本史料』第八編之四「諸陵要記草稿」。

(15)『群書類従』雑部。

(16)『三重県の地名』(『日本歴史地名大系』)。

(17) 二月二十六日の時正(彼岸)初日、聖寿寺では例時があり、比丘尼懺法経などが行われている。

(18)『大日本史料』第七編之一。『続群書類従』雑部。

(19)『親長卿記』文明八年九月二日条、三条西実隆「如法念仏仮名日記」(『実隆公記』巻九)。このときの如法念仏については高橋慎一朗「如法念仏の芸能的側面」(五味文彦編『芸能の中世』、吉川弘文館、二〇〇〇年)参照。

(20) 原田正俊「中世の禅宗と葬送儀礼」(『前近代日本の史料遺産プロジェクト　研究集会報告集』二〇〇一―二〇〇二、東京大学史料編纂所、二〇〇三年)。

(21)『群書類従』雑部。

(22)『大正新修大蔵経』第八一巻。

(23)『群書類従』雑部。
(24)原田註(20)前掲論文。
(25)『実隆公記』明応七年二月六日条、『言国卿記』同日条には「八歳」とする。
(26)『明応凶事記』(『続群書類従』雑部)。
(27)『言継卿記』天文二十三年四月十四日、七月十三日条。
(28)『言継卿記』天文二十二年十二月十四日、二十三年四月十四日、七月十二・十三日、二十四年一月十二・十三日条。
(29)『長享後兵乱記』。
(30)元亀二年六月、恵彭を退院させて岡殿大慈光院を入室させようとの計画が進行していた。この事件については、岡佳子「近世の比丘尼御所――宝鏡寺を中心に――」下(『仏教史学研究』四四―二、二〇〇二年)参照。
(31)『徳川実記』元和九年七月十六日条。

II

性と血筋

巫女の炊事と機織り

はじめに

巫女の歴史をひもとくとき、まず登場するのは耶馬台国女王ヒミコ（卑弥呼）であり、神話の世界ではアマテラス、ヤマトヒメ、ジングウコウゴウ（神功皇后）、タマヨリヒメ（玉依姫）たちである。古代の女性司祭（巫女）は、琉球王国の最高位の巫女キコエオオキミ（聞得大君）や民俗学の成果によって得られた民間巫女の事例が投影され、その輝かしい活動が語られてきた。彼女たちはその属する共同体を統治する兄弟や甥のために、霊力をもって神を呼び、神の言葉を伝え、将来を予言し、方向を示すなど、社会に大きな影響力をもっていたという。天皇による統治が確立すると、天皇が神の意を近親の女性司祭に問うことはなくなった。そして奈良時代、大仏建立に助力しようとの宇佐八幡の託宣を奉じて、天皇とおなじ紫色の輿に乗ってはるばる九州から上京したのは、巫女の尼大神杜女《おおがのもりめ》である。(1) 大神杜女以後、古代社会を動かした巫女たちは、歴史の表面から姿を消す。

わたくしたちが思いうかべる巫女といえば、中世の絵巻物に見るような長く束《たば》ねた髪、白い着物、緋の袴、小袿《こうちぎ》をまとい、鈴を鳴らし、琴を奏で、鼓をうち、笹を振る姿である。神社で神楽を舞う巫女、町中で宝殿《ほうでん》を設けて祈禱したり、神降ろしをする巫女、神社や寺院のかたわらで乞食と紙一重の生活をしている漂泊の巫女のイメージはすでに定着しているかと思われる。

巫女のイメージに即していうならば、九世紀以降の巫女が活躍するのは、記録に現れることの少ない神社の巫女よりも民間の巫女たちのようである。しかし、神社の巫女が存在し、活動していたことはたしかであり、ただ、活動の実態が表面にみえなかった（あるいはみようとする試みをしなかった）のではないだろうか。

わたくしは、神社の巫女の姿を追う手がかりとして、神祇祭祀にかかわる巫女の職掌から考えてみようと思う。ここでは、神の供え物をととのえるさまざまな行為のうち、炊く・織る・縫う・掃く・洗う、をキーワードにしてみた。

一　巫女の社会的地位

もともとわが国では、神は常に神社にあるのではなく、神を迎える準備をととのえ、聖なる場所に降臨する。いわば、特定された時期、時間、場所に神が降臨するためによりしろがあり、そこに迎えられ、祀られ、送られる存在であった。

外来の宗教である仏教は、堂塔や付属の施設を建て、仏像を安置し、堂内をかざり、僧侶たちは僧坊に住んで日夜仏に奉仕し、経論を学び修行する。寺院の管理・運営のためには、国家や檀越《だんおち》から封戸《ふこ》・寺領が施入される。

聖なる場所に降臨し、神殿をもたなかった神も、寺院に倣って神域を定め、神殿と付属施設を建て、国家や神を奉じる氏族から封戸・神田が施入されるようになる。『続日本紀』神亀二年（七二五）七月十七日条に、諸国の神祇社内を清浄にせよと国司に命じ、天平六年（七三四）四月十二日条に、朝廷は畿内および七道諸国に使いを出して、地震の被害を調査しており、すでに八世紀中頃には、諸国の主な神社は神域と社殿をもっていたことが知られる。

神社が神域・社殿などの施設をもつようになると、当然管理・運営のための組織が整備されなければならない。伊勢皇大神宮（内宮）の祭祀組織でいえば、神事を執り行う神官、神の御饌《みけ》（食事）を用意し供えるもの、その材料である稲を栽培するもの、塩を焼くもの、海産物を採るもの、御饌を盛る器を作るもの、神の衣を織り裁縫するもの、社殿の修造、神域の清掃を担当するものがいる。神官は神事の責任者であるだけでなく、神殿その他の施設の維持管理と運営に当たる。

ここに、祭祀組織のうえでは神を迎えるよりましとして尊敬された巫女は影をひそめる。天皇の祖先であるアマテラスを祀る伊勢の祭祀組織は最大の規模であり、天皇の血を受け継いだ女性が伊勢に赴き、斎王《いつきのみこ》と呼ばれて最高の女性神職者の地位にあったが、その斎王すら、かつて巫女王と呼ばれた女性たちのおもかげはなく、定められた祭儀を行う高級女性神職者にすぎなくなる。中央政府の管理のもと、祭祀組織は宮司・禰宜《ねぎ》などの男性の神職者中心で祭儀を運営するかたちへと変化を遂げるのである。

『類聚三代格《るいじゅうさんだいかく》』貞観十年（八六八）六月二十八日付太政官符に、天長二年（八二五）十二月二十六日官符をひいて、「諸国の小社では、祝《はふり》を置いて禰宜がいなかったり、禰宜と祝を並び置いているが、なかには女の祝に祭祀を行わせているところがある。以後、禰宜と祝を置く社は、女をもって禰宜にせよ」と定め、ついで斉衡三年（八五六）四月二日、神祇官から「住吉・平岡・鹿嶋・香取等の神主並びに祝・禰宜等はみな笏《しゃく》をもっているが、そのほかの神社はこの例に預かっていない。笏をもてば神威を増すので、三位以上の神社の神主および祝・禰宜も笏をもつことを許されたい」との申請があって許可されたが、この日（貞観十年六月二十八日）、「諸国の国司は神社の霊験を称して爵位を申請する。近年では三位以上に叙せられた神社で、祭祀にかかわらないものでも、みな祝・禰宜に任じられ、笏をもっている。神社の多くは、祝は祭事をもっぱら行っているが、禰宜は職があっても務めがないのが実情である。今後、すでにおかれている神社以外で、新しく三位以上に叙せられた神社禰宜については、天長二年官符によって、笏をもつことを停め、女をもって禰宜にせよ」との官符が出された。

神社といっても大小さまざまで、諸国には宮司以下、祝・禰宜などをおき、祭儀を行う大社から、祝・禰宜等名ばかりの神社があり、女祝・女禰宜の存在も少なくなかった。この女性神職者にかかわる官符から、祭祀組織の整備が地方の中小神社におよんできたことが窺えるが、興味をひくのは、爵位と笏が諸国の社にとって権威の象徴となっていたことである。

諸国の神々が位を与えられるのは国司の申請によるものであり、国家による位置づけと保証を意味し、奈良末平安初期に進行していた。また、大社にのみ認められていた笏が、三位以上の神社の祝・禰宜に許されたのも、国家による神社のランクづけにかかわっている。祝・禰宜が手に笏をもつことが「神威を増す」というのは、彼らが国家から許可されたことをもって、国家の祭祀組織に連なる存在であることを目に見える形で示すもの、つまり権威の象徴であったにほかならない。女性神職者は、禰宜として認められたとはいえ、笏をもつことは許されなかった。笏をもてない女禰宜は、いわば国家の祭祀組織にとって、祭祀者、神社管理者として重要な存在ではないと考えられるようになっていたのである。

奈良末平安初期に進行した伊勢をはじめ中央と地方の大社の組織化が、神社における女性神職者の地位低下をもたらした、といわれるのは、この祭祀組織の変化によるところであった。以後は女祝・女禰宜の存在について記すものはあまりみられず、男性が任じられることのほうが多い。いったい、神社に属する女性神職者はどうなったのか。

伊勢の斎王、賀茂の斎院《さいいん》など、天皇や貴族の血をひく女性が神職者として神に奉仕し、そのほか斎祝子《いつきのはふりこ》・物忌《ものいみ》・忌子《いみこ》などと呼ぶ巫女が神社に所属して神を祀っていたことは明らかであり、記録にもみられる。では、彼女たちは祭祀組織のなかでどのように位置づけられていたのであろうか。

先に述べたように、女祝・女禰宜は笏をもつことができない。つまり、組織のうえでは、排除された存在であった。寛平元年（八八九）の『宇佐八幡宮行事例定文』[2]四十九カ条は、大少宮司に大神・宇佐氏が任じられること、神職者の職掌、宇佐神宮寺《じんぐうじ》（弥勒寺《みろくじ》）僧のこと、神域・封戸・神田・神事・所轄の神社などを書き上げたものであるが、このなかに女性神職者に関する記載がある。女性は宮司・禰宜・神主・祝の次に位置し、神の御服を裁縫し、諸節会《せちえ》に鈎匙《こうひ》を捧持《ほうじ》して本殿の扉を開く役割をする禰宜忌子、内外院の清掃を行う御杖人《みつえびと》を挙げている。このようにみると、神を迎え、神のよりしろであった巫女たちは、主役の座を男性神官に譲り、男性神職者たちが神社の中枢に位置するようになったことを物語っている(3)。

たしかに、組織のうえでは、巫女は男性神職者の管理下におかれ、序列も下位である。だが、序列のみで巫女の地位を判断してよいものかどうか。序列とは、秩序・組織の維持のためには必要であろうが、そのことが神祇祭祀における巫女の役割を変質させたかどうか。巫女の社会的地位を考える前に、神社の巫女の職掌から考えてみよう。

二　神の食事

巫女たちは、いつもいつも神を迎え、神の言葉を伝えていたわけではない。周知のことであるが、神社は日々神のために朝夕の御饌（食事）をととのえ、神の衣を織って神殿に供える。これを行うのが巫女の仕事とされている。九世紀初頭の伊勢神宮では物忌と称する女性たちが御饌のことに当たり、神服部《かんはとり》・神麻績《かんおみ》氏の女性が神衣の奉納に当たっていた。

延暦二十三年（八〇四）に内宮から神祇官に提出された『皇大神宮儀式帳』(4)に、神宮職員の記載があり、物忌について記している。物忌には数種の職掌で分けられた名称がある。まず、大物忌《おおものいみ》は、大神の朝夕の御饌を供える。いまの禰宜神主公成《きみなり》の先祖である天見通命《あめのみとおすのみこと》の孫の川姫命《かわひめのみこと》が倭姫命《やまとひめのみこと》の代わりに大物忌として大神に仕えた。そのときから大物忌は斎内親王よりも大神に近く昼夜を問わず仕えるようになり、最も重しとされた。『神宮雑例集』(5)にひく大同二年（八〇七）二月十日の「本記」十四カ条のなかの朝夕御饌条によると、大若子命《おおわくごのみこと》を大神主と定め、その女子兄比女《えひめ》を物忌と定め、宮内に御饌殿を造立して、抜穂田《ぬきほだ》（神田）の稲穂を抜き、大物忌大宇禰奈《おおうねな》とともに稲を舂《つ》き、米を炊き、供えた。また御酒殿《みさかどの》を造立し、稲をもって神酒を造り、先に大神に供え、次に倭姫命に、残りは奉仕する物部らに賜った。以来、氏人のうち未婚の女子を物忌として奉仕させるようになったのである、という。

伊勢神宮では六月・十二月の月例祭と九月の神嘗祭《かんにえのまつり》とをとくに重視して三節祭《みおりのまつり》あるいは三時祭と呼び、斎王はこの三回の祭に参加するが、普段は神に仕えるのは斎王ではなく大物忌であった。大物忌は大神に供える日々の御饌、すなわち神の食事を調理して神に捧げる役である。大物忌は白絹の明衣《きよぎぬ》を着て木綿鬘《ゆうかずら》を巻き、木綿《ゆう》だすきをかけ、襲《おすい》を被って神前に御饌を供える。このとき禰宜以下の男性の神職は御饌殿の下で伏し拝む。神嘗祭のとき、十六日の夕の亥《い》の刻と十七日朝の丑《うし》の刻の二度新饗を神宮正殿の床下の中心にある心御柱《しんのみはしら》（または忌柱《いみばしら》）と呼ぶ神木に供えるが、祭に先立って、正殿の床下の清掃を行うのは、大物忌の役目であり、心御柱に御饌を供えるのもまた大

物忌である。(6)

心御柱は遷宮の行われる年の三年前の十月に用意されるが、伐《き》り出しに先立って、神宮の背後の宮山で山口祭《やまぐちのまつり》・木本祭《このもとのまつり》が行われる。この日の夜、神木を迎える行事には山向物忌《やまげのものいみ》と物忌の父が加わり、柱を正殿の地まで運び、柱の立始めには禰宜とともに大物忌も加わっていた。(7)

大物忌のほかに、地祭《とこまつり》物忌は相殿《あいどの》西方の神の朝夕の御饌を供え、酒作物忌は陶内人《すえのうちうど》が作り進めた酒甕《さけのかめ》三口に酒をかもして供え、清酒作《みもつくり》物忌は陶内人が作り進めた酒甕三口に酒を供え、滝祭《たきまつり》物忌は陶土師《すえはじ》内人物忌が作り進めた器を受け取り、種々の祭物を供え、御塩焼《みしおやき》物忌は朝夕の御饌ならびに所々の神宮御饌塩を焼く。彼女たちの父は「物忌の父」と呼ばれ、子とともに神に奉仕した。

伊勢には内宮と外宮がある。内宮が皇大神宮、つまりアマテラスを祀り、外宮は止由気《とゆけ》宮と呼ばれてもとは度会《わたらい》氏の奉じる神であったのが、内宮の御饌を供進する神となったといわれている。『皇大神宮儀式帳』と同じ年に提出されている外宮の『止由気宮儀式帳』(8)にも内宮外宮の朝夕の御饌を供進する大物忌、大物忌の父の作った神田の稲、御塩焼物忌の焼いた塩、志摩国から進められた御贄《みにえ》を調理して大物忌とともに神に供進する御炊《みかしぎ》物忌、御塩焼物忌、神田の御田始めのとき最初に鍬を入れ種を蒔き、宮の草木を刈り取るとき最初に刈り始める役目の菅裁《すがたち》物忌、神酒を造る根倉物忌、止由気宮の荒魂《あらみたま》を祀る高宮《たかのみや》(多賀宮)の朝夕の御饌、三節祭および湯貴《ゆき》の御饌を供進する高宮物忌が挙げられている。

大物忌の父は神田に稲を作り、御饌の持参に同行し、御炊殿の薪を用意し、御炊物忌の父は井戸の掃除、井戸と御炊殿の間の道路の掃除、三節祭および湯貴に供進する箱や箸の製作、御塩焼物忌の父は塩を焼くための木を伐り、荒塩を焼き、塩堝《つぼ》を用意して物忌に塩を焼かせ、浜の御塩焼殿の修理清掃を行う。菅裁物忌の父は太玉串《ふとさかき》（木綿をつけた賢木）の製作、根倉物忌の父は根倉社および二所神殿の清掃、高宮物忌の父は神田に稲を作り、高宮の御饌の持参に同行し、また御炊殿と垣根の修理清掃を行う。彼らはまた月に十日間宮を守護し宿直《とのい》に当たった。『皇大神宮儀式帳』には、物忌の父については「また父も子とともに忌み慎んで供奉す」とのみ記されるだけで実態は不明だが、御塩焼物忌の父の例からも知られるように、両宮の物忌の父の役目は、労働は父が受け持ち、物忌は仕上げの部分と供進に当たったものと思われる。物忌の職掌は、いわば神の最も近くで、食にかかわる祭祀者として位置づけることができる。

三　神の衣

四月と九月、伊勢神宮では神の衣替えにあたる神衣祭《かんみそのまつり》が行われる。一般には衣替えは四月と十月で、三月三十一日までは冬の着物、九月三十一日までは夏の着物を着ていた。九月の神衣祭は十六日の神嘗祭に先立って行われ、とくに重視されていた。伊勢神宮の神衣祭が九月に行われたのは、神嘗祭とのかかわりからであるという。

神衣祭は、神服部氏は三河国の赤引の糸をもって和妙《にぎたえ》の衣を織り、神麻績氏は麻をもって荒妙《あらたえ》の衣を織って、内宮およびその荒魂を祀る荒祭宮《あらまつりのみや》に奉納する。内宮には和妙の衣二十四匹と荒妙の衣八十匹、髻絲《おおもとゆい》・頸《くび》玉・手玉・足玉の緒、袋・襪《しとうず》（足袋《たび》）の緒などの糸、縫糸・針・刀子《とうす》・錐《きり》・鉾鋒《ぼうほう》などの裁縫用具とこれを納める韓櫃《からびつ》二合、荒祭宮には和妙の衣十三匹と荒妙の衣四十匹、髻絲以下の品物が納められた。神衣は祭月の一日より織り始め、当日に至って宮司禰宜内人らが明衣を着けた神服織女八人と神麻績織女八人および人面《ひとも》を率い、皆玉串を持って神衣のあとに行列して参入する。ついで大神宮司が祝詞を宣べ、東宝殿に納める。荒祭宮でも同じように行われる。神宮の伝承ではアマテラスが神服部らの遠祖天御桙命《あめのみほこ》をもって司とし、人面らの祖八千千姫《やちちひめ》に御衣を織らせたのが始まりであるという。

記紀には機織《はたお》る女性がしばしば物語られる。『古事記』にはアマテラスが忌服屋《いみはたや》で天服織女《あめのほとりめ》に神衣を織らせていたとき、スサノオが生馬の皮をはいで機屋の屋根から落としたため怒って天石窟《あめのいわや》にこもったと記し、『日本書紀』では、アマテラス自身が機を織っていたとも、稚日女命《わかひるめ》に織らせていたとも記す。木花開耶姫《このはなさくやひめ》は機織りをしているし、機織りに関係すると思われる名、たとえば雄略天皇の妃は幡梭皇女《はたひのひめみこ》、雄略天皇と韓媛《からひめ》の間に生まれ、のち伊勢の斎王となる栲幡《たくはた》皇女がある。折口信夫氏は神功《じんぐう》皇后の名のオキナガタラシ媛の「タラシ」は帯であろうとし、記紀の所伝「ひさかたの天《あめ》かな機《はた》」「わがおほきみの織《おろ》す機」から、神女として手ずから機織る殿に訪れるまれびとの姿を見、機を神殿の物として、天をさしているという[9]。

神衣ではないが、奈良県当麻寺所蔵の極楽浄土のありさまを綴織《つづれお》りの技法で織りだした当麻曼茶羅の伝承に機織りの話がある。横佩大臣の娘（中将姫）が出家して生身の阿弥陀如来を拝みたいと念じていたところ、天平宝字七年（七六三）六月二十日に化尼（阿弥陀如来の化身）が現れて蓮の茎を集めるように命じ、これを五色の糸に染め、二十三日の夜に化女（観音の化身）が堂内の乾《いぬい》の隅に機をたてて一丈五尺の曼荼羅を織り上げた、という話である。もちろん、一夜で織ったという霊験をひろめるための縁起であるから、糸を集め、染めるのに三日、夜から織り始めて明け方に完成したというのは、現存する当麻曼荼羅をみれば事実からはほど遠いというほかない。ふつうの布を織る場合でも、よほど熟練していないと、一日で織り上げることはできず、たいていは糸をそろえて機にかけるのに二日かかり、織るのに二日ないし三日かかるといわれている。準備に三日、織るのに一夜というのは、機にかけるまでの日数を考慮にいれて信仰の奇蹟を示したものであろう。

観音が若い女性の姿で現れ、機織ったという伝承は、機織る神女とダブルイメージでとらえられる。機織る仕事は、マジカルな力に支えられてなしとげることのできる仕事と考えられてきたこと、したがって奇蹟の出現を期待させる仕事であったことを物語る。折口信夫氏は、中将姫のなかに、二上山のふもとの水辺で神を祀る巫女の面影を見出している(10)。水辺の巫女といえば、観音はしばしば水源に現れ、祀られる菩薩であり、水辺の女神のイメージでとらえられる。中将姫に巫女の面影を見出すとすれば、観音は巫女に代わって機織る女神をイメージしている。

四　炊く・織る・縫う・洗う・掃く

伊勢神宮の物忌たちは神のために米を炊き、塩を焼き、山海のさまざまの食物をそろえて神前に供えた。「炊く」は周知のように、火（カマド・イロリ）の神と直接かかわり、カマド・シャモジなどは主婦の霊力を象徴するものとされている。高取正男氏は、「ことはシャモジだけに限らず、枡や膳椀、鍋釜からカマド、米びつなど、食事に関する一切のものを媒体として、家族員個々の「ワタクシ」は、一家の食生活・ひいては家政全般を管理する主婦の権能に、霊的に統括されていた」、そして、主婦の霊力を「余人をもって替えがたいような霊的資質を神によって付与されていた」と述べている。(11)「炊く」は女性のもつ呪力にかかわる仕事であった。

藤原明衡《ふじわらのあきひら》の撰した『新猿楽記《しんさるがくき》』に、西の京に住む右衛門尉《うえもんのじよう》という者の二番日の妻は、家を治める能力にすぐれた女性として描かれているが、その仕事は、裁縫《たちぬい》・染張《そめはり》・経織《へおり》・績紡《うみつむぎ》・炊事・季節の衣服の支度などを挙げている。女性の仕事のなかで、縫う・織る・染める・紡ぐという衣服にかかわるものが第一とされていたことがわかる。神々の世界で語られる機織りの話は、衣を織るという行為が、神（もしくは天皇）に最も近い立場の女性の仕事として考えられていたことを意味する。伊勢の神衣祭に機を織り、供える女性たち、また和妙の衣・荒妙の衣とともに糸や針などの裁縫用具が供えられたのは、「縫う」という行為には呪的な力があり、同時にそれは神が行う仕事として考えられていたことを示している。針と刀子は、たんに裁縫用具というだけでなく、呪的な力が込められている。記紀に、イクタマヨリビメ（活玉依毘売）のところに見知らぬ男が通って身ごもったので、親が怪しんで男の衣のすそに糸を通した針をつけさせてあとを追ったところ、三輪山の神の社にたどりつき、男は蛇身の神であったという話は有名である。同様の昔話は蛇婿入り譚と呼ばれて各地に伝承されているが、針が神と女性を結ぶ重要な役割を演じていることが注目される。蛇婿入り譚には、田に水をひいてもらうことを条件に蛇に末娘を嫁がせ、娘は蛇に嫁ぐことを嫌って嫁入り道具として持参したヒョウタンと針によって蛇を殺した話があり、針を通して女の呪力が表現される。第二次大戦のとき、戦場に行く兵士のために、晒木綿に赤い糸で千人の女性に頼んで糸を結ぶ「千人針」が行われていた事実も、針と針によって女性が縫う行為に呪力を求めてのことであった。

次に「掃く」という行為をみてみよう。神は清浄な場所に降臨する、と考えられていたから、神域を清浄にすることは、神社の勤めになっていた。神亀二年（七二五）七月十七日に神社の修理清掃のことを詔して、諸国の神祇社内を清浄にせよと国司に命じ（『続日本紀』）、宝亀八年（七七七）三月十日太政官符にも前年から諸国神社祝へ修理清掃を命じ、国司に毎年状況を報告させている（『類聚三代格』）。

神域の清掃が巫女の仕事としてどのような意味をもっていたかについては、いまのところ明らかでない。伊勢神宮の神嘗祭のとき、九月十六日の夕の亥の刻と十七日朝の丑の刻の二度、新饗を神宮正殿の床下の中心にある心御柱と呼ぶ神木に供えるが、祭に先立って、正殿の床下の清掃を行うのは、大物忌の役目であった。宇佐八幡宮でも、清掃を仕事とする御杖人は内院に入ることができる。神社の最も聖なる場所を清掃するのは、巫女の役割であったことを思わせる。

さて、「おじいさんは山へ柴刈りに、おばあさんは川に洗濯に」というのは、桃太郎や瓜子姫などに知られるように、昔話にしばしば用いられるパターンである。女性が川で洗濯をして、神に出会う話は水辺の巫女の神話を連想させる。伊勢の御裳濯《みもすそ》川（五十鈴川）は、ヤマトヒメがこの川で御裳を洗ったという伝承からきたものという。「洗う」について、勝浦令子氏は、「洗う」という行為が、たんに汚れをおとすという日常的な行為ではなく、穢を祓い浄化する呪術的行為であることを指摘し、伊勢の御裳濯川、大和の美和河のほとりで衣を洗っていた引田部赤猪子《ひきたべのあかいこ》という乙女が雄略天皇にみそめられ、必ず迎えにくるといわれて待ち続け、老婆になってしまったという『古事記』の話をひいて、河辺で衣を濯ぐ乙女は、禊や祓とのかかわりでとらえることができる、と指摘している[12]。

いま、わたくし自身、神饌を供え、神衣を織り、縫い、神域を掃く、洗うという行為が巫女にとって重要な仕事であり、マジカルな意味をもっていたという以外に理由を説明することはできないが、宇佐八幡の巫女が神衣を裁縫していたのは、機織りとか裁縫が巫女の身分の低下を示すものではなく、巫女の重要な仕事として続いていたことを示すのだと思う。『宇佐八幡宮行事例定文』に、「宮司・神主・祝と並んで忌子及び御杖人・宮掌以外に内院に入ってはならない」とか「禰宜忌子のほか御殿に出入りしてはならない」と規定しているのは、女性神職者の祭祀における立場を示している。

神社の組織とか管理でいえば、食事を用意し、機織りや裁縫や清掃をする女たちを位置づけるのは難しいが、制度のうえでの位置づけは絶対的なものではない。これらの仕事が女性の家事労働とか作業になってしまったとき、本来有していた聖性が失われ、女性神職者の身分の低下としてのみとらえられることとなったのではなかろうか。それはたんに歴史学の問題だけではない。食物の用意や炊く・織る・縫う・掃く・洗うといった仕事を劣ったものと考える近代以降の思考に、わたくしたちが知らず知らずのうちに影響されていた結果であるかもしれないのである。

五　巫女のイメージ――むすびにかえて

いま一度巫女の歴史をふりかえってみよう。神話の世界の巫女は、神のオバ・妻や娘たち、神の子孫たる天皇・豪族のオバ・妻や娘たちであり、その社会的地位とからみあってきた。神話の世界の巫女がかがやかしい歴史をもっていたのは、彼女たちが族長のオバ・妻・娘として族長とともに社会を動かすのに加担してきたからであって、そのことが神に仕える巫女の地位と結び合っていたにすぎない。彼女たちが神として特定の地域に祀られ、神社が建てられ、神の末裔を称する神職者によって祭祀が行われるようになってはじめて、職業的宗教者としての男性神職者と女性神職者、すなわち巫女が出現する。神社の巫女の歴史はここに始まるといってよい。

巫女の社会的地位が奈良末平安初期から低下するといわれるのは、一面事実であろう。いわゆる神祇制度の再編成としてとらえられる時期であり、宮司による神社支配の確立に呼応しているといえる。だが、繰り返し述べたように、制度としての巫女、組織の一員としての巫女が、巫女の職掌を変化させたわけではない。女性祭祀者としての巫女は、巫女の遠い先祖である神々のオバ・妻・娘の職掌たる神の食事の用意、衣服を織る・縫う仕事を受け継いでいたのである。神々のオバ・妻・娘の職掌であったゆえに、巫女もまた聖性を受け継いでいたともいえる。

一般に「巫女的な性格」という言葉がよく用いられる。この言葉は、主として神を呼びだす力、神の言葉を取り次ぐ行為に求められている。巫女的な性格と職業的巫女との違いは、職掌として行っていたかどうかであって、ふつうの女性に巫女的な性格をもとめる事例は多い。

ふつうの女性が神仏の霊託を受ける話、神仏に参籠して夢告を受ける話は枚挙にいとまない。悪霊の憑いた病人の枕もとに験者が祈り、よりましとなった女性に霊が憑いて怨みの言葉を伝えるのもしばしばであり、特別なこととして扱われてはいなかった。神仏、天皇の霊、この世に怨みを残して亡くなった霊が女性に憑依して託宣することが巫女的な性格であるとすれば、平安時代の多くの女性は巫女的性格をもっていたということになる。

女性の霊力といわれるものが、巫女的な性格に負うていたことは事実であろう。しかし、女性の力とはどのようなものであり、どの部分が巫女的性格であるのかを説明しようとすれば、困難な作業といわざるをえない。神がかりして神の言葉を伝えるという行為は、男性宗教者にもしばしばみられる。『梁塵秘抄《りょうじんひしょう》』に「巫《きぬ》はくかたの男巫」とか「東には女はなきか男巫、さればや神の男には憑く」とうたわれるように男巫もいたし、僧侶が神仏の前に祈って霊託を受け、霊託によって行動するのはごくありふれたことである。したがって託宣とか憑依は女性に固有の現象ではない。女性固有の霊力を呼び起こすものがあるとすれば、それは以上みてきたような、炊く・織る・縫う・掃く・洗う、という女性の日常的な行為が聖なる仕事であったことに深くかかわっていたからであると思われる。

巫女を形態から整理すれば、神社の巫女と、民間の巫女に分けられる。『新猿楽記』に、右衛門尉の四番目の娘は巫女で、占い・神遊《かぐら》（神楽）・寄弦《よつる》（梓弓を鳴らして神をよびだすこと）・口寄せの上手であったといい、『新猿楽記』の成立した十一世紀中頃には平安京の町中に住む民間の巫女の生業がこのようなものであったことを思わせる。両者ともに、スタイル、巫女的資質としては共通する部分があるが、通説でいえば、神社の巫女から民間の巫女、白拍子・遊女へと変化してゆくといわれている。いわば巫女堕落史とみるか、白拍子・遊女の社会的身分を評価するかのどちらかの立場であるが、そのどちらもが、巫女を一連のものと考えた結果といえるだろう。しかし、神社の巫女と民間の巫女が系譜として同列に扱うことができるものなのかどうか、現在の研究段階では、必ずしも具体的に実証されているとはいえないように思う。わたくしたちは、いま一度巫女の実態に即してイメージを構成しなおしてみる必要があるのではなかろうか。

註

（1）『続日本紀』天平勝宝元年十二月二十五日条。
（2）『平安遺文』四五四九号。
（3）奈良末平安初期の神祇制度の再編、女性司祭の地位低下については、高取正男「排仏意識の原点」（京都女子大学『史窓』二七、一九六九年、のち『民間信仰史の研究』、法藏館、一九八二年、に再録）参照。
（4）『群書類従』神祇部。
（5）『群書類従』神祇部。
（6）『皇太神宮年中行事』（『神道大系』神宮編）。
（7）物忌による正殿の清掃については、鳥越憲三郎『伊勢神宮の原像』（講談社、一九七三年）参照。
（8）『群書類従』神祇部。
（9）折口信夫『水の女』（『折口信夫全集』第二巻、『古代研究』民俗学篇1、中央公論社、一九八二年）。
（10）折口信夫『七夕祭りの話』（『折口信夫全集』第十五巻、民俗学篇1）。
（11）高取正男「神をみる場所」（『民俗のこころ』Ⅳ、一九七二年、朝日新聞社、のち『高取正男著作集』三、法藏館、一九八三年に再録）。
（12）勝浦令子「「洗濯と女」ノート」（『月刊百科』二六一、一九八四年、平凡社、のち『女の信心――妻が出家した時代――』、平凡社、一九九五年に再録）。

性と血筋

はじめに

周知のように、わが国の宗教の基層に、神が特別な人間——神霊と交わることのできる選ばれた人——に憑依して願望・予告を伝え、人々は神の意志を実行することで神の恩寵に預かろうとする信仰がある。作物の豊饒、暴風・水難・旱魃などの自然災害、火災、病気・死など、避けることのできないさまざまな災いに対して、人々は神の予知を求めた。神の意志の発現には、託宣を受ける女性宗教者＝巫女＝よりましと、神の降臨を助けその言葉を取り次ぎ、人々の祈りを取り次ぐ神官がかかわった。

平安初期の御霊は、政治的失脚者の霊が民衆に共感され、政情不安、自然災害、疫疾などとからみあって祀られた。だが、御霊として祭祀されるべき存在でありながら、祀られなかった多くの御霊がある。邪気・もののけ、つまり怨霊・悪霊として現れる邪悪なもの、病気、災いなどの原因となって人々の日常生活を害する存在である。御霊の民俗的変形は現代社会においてもしばしば現れている。託宣は神の言葉に限らない。御霊として祀られることなく空間に満ちていた霊も託宣する。彼らもまた病気や災難の有無、原因を示し、取り除くための道を教えるが、神として祀られることなく、祓や修法によって追いやらわれる。

巫女であるとないとを問わず霊託を受けることはあったし、霊託によって将来身に起きる災難を避け、病気を取り除こうとし、あるいは霊託によって自らの信仰をたしかめ、霊託によって信仰を組織しようとする動きも起きる。霊託は呪術のレベルから宗教運動までのさまざまなかたちの宗教の基底に存在した。

神々に対する祈りだけでなく、仏に対して同じ期待をこめて人々が祈ったことは、すでに知られている。仏についても、選ばれた人＝僧が、仏と人、あの世とこの世を取り次ぐ役割を担った。仏菩薩が人に憑《つ》くことはあまりないが、祈る人々の夢にうつつに現れて霊託を蒙る話は枚挙にいとまない。道俗男女が幾日も仏前に参籠するのは、霊験あらたかな仏菩薩とか聖徳太子の霊託を得ようとするためであった。

霊力で世に知られた僧は験者と呼ばれ、霊を降ろし、霊の言葉を取り次ぎ、霊を鎮めるための祈禱を行う。人並みすぐれた験の力が要求され、これに応じて験者たちが活躍したのは、御霊・怨霊・悪霊がひき起こすさまざまな災いが頂点に達した時期に始まっている。天皇不予《ふよ》、疾病の流行、自然のもたらす災害などは、権力闘争に敗れて非業の最期を遂げた政敵の怨霊のしわざと考えられ、彼らはそのつど験力を発揮した。とくに天皇の身体護持《ごじ》の役割を負う内供奉《ないぐぶ》や護持僧らは、天皇のために夜居して邪気や怨霊・悪霊を払い、皇子生誕に当たって加持し、平安を祈った。(1)顕密に優れた高僧はもちろんのこと、験力によって召し出され、重用された僧も少なくなかった。彼らは密教の修法を会得して山々をめぐり、修行することで霊力を身につけ、その霊力をもって奉仕していた。

だが、僧の霊力だけでは霊は憑依しない。僧侶の修法で霊を呼びよせることは可能だが、霊の言葉を受けとめるためには、女性＝よりましの力を必要とした。よりましになるには、職業的巫女でなくても、験者の力があり、託宣の起こりうる装置があればよい。もちろん、職業的巫女も験者の力をかりる。熊野の巫女は山伏の力により神の降臨を待って託宣する。古活字本『保元物語』には、「古老の山臥八十余人」が般若経典を読誦して祈請し、巫女は五体を地に投げて肝胆を砕いた、とある。

霊託を受けるためのもう一つの重要な手段は夢想・夢告である。慈円や明恵の夢想は「夢想記」「夢之記」として知られるが、貴族の日記には本人や家族、従者の夢想が記されているし、他人の夢も記される。藤原宗忠は堀河天皇往生の夢をみた人々の話を収集して記録し、(2)藤原兼実は自分にとっての「吉夢」を集めている。(3)伝聞もあるが、「夢想の告」をわざわざ話しにくる者も多い。『玉葉《ぎよくよう》』文治二年（一一八六）六月八日条に、前飛騨守有安が「夢記」を献呈した、とあり、同年六月十六日条に宝剣求使佐伯景弘《かげひろ》が霊夢・霊瑞《れいずい》などの解状《げじよう》を注進しており、霊夢・霊瑞は上申されていたことが知られる。

さて、平安・鎌倉期、先帝はしばしば霊託を発した。怨霊として子孫たる天皇に祟《たた》りをする存在として現れ、霊を鎮めるための祭祀や法会の開催を要求し、あるいはさまざまな予告をする。先帝の霊託を受けたのは、主として天皇に近侍《きんじ》した女性、後宮の女性とその従者たちである。本稿では、先帝の霊託・夢告を受けた女性を通して、それが人々にどのように受けとめられたか、霊託・夢告を受けた女性にとってどのような意味を持っていたかを考えてみようと思う。

一　先帝の霊託

『続日本後紀《しょくにほんこうき》』承和八年（八四一）十月の仁明天皇不予の際、二十九日の卜は「御陵の木を伐り、また犯《おか》し穢《けが》せる祟り」を指摘した。ついで承和十一年八月五日条に、先帝（嵯峨天皇）の遺誡として、「物怪のあるごとに先霊の祟りに寄せているが、はなはだいわれのないことである」と述べ、このたびの物怪に、所司卜筮が先霊の祟りと称しても採るべきでないとし、朝議《ちょうぎ》もこれに従った。にもかかわらず、嘉祥三年（八五〇）三月にも物怪は柏原の御陵の祟りと卜があり、その後も天皇不予のたびに「先帝の祟り」が指摘されてきた。先帝は、山陵祭祀、御願寺の破損および法会の怠慢、陵域の樹木の伐採、穢などの理由で子孫に祟るのである。

わが国に仏教による葬送儀礼が定着して以来、来世の存在は認識されていたから、仏教儀礼によって供養された天皇ならば、当然死後の世界が願われていた。一例を挙げると、寛弘八年（一〇一一）八月十一日の一条天皇四十九日法会に大江匡衡《まさひら》が草した願文（『本朝文粋《ほんちょうもんずい》』巻第十四）に、

「仏は生前の御願にして、三尊をもって賓朋《ひんほう》となし、経は夢後の精勤、一乗をもって輿輦《よれん》となす（中略）仰ぎ願くは諸仏知見証明、十万億の国土、何ぞ遥《はるか》と言わん、早く仙蹕《せんぴつ》を極楽に迎えん」と、追善供養によって往生を祈る。同様の文言はしばしば見られ、特別なことではない。

先帝の霊が憑依したり託宣したりするなかで特筆されるのは、長和四年（一〇一五）の霊託事件、すなわち「冷泉院」御霊が女房に憑依し、子たる三条天皇に祟りをなした事件であろう(4)。

長和五年一月、三条天皇は退位して彰子所生の敦成親王（後一条天皇）が即位した。親王の即位を切望していた藤原道長に退位を迫られてのことであったが、もともと悪かった目が悪化したことも退位の要因であった。三条天皇は神に祈り、修法《しゆほう》や加持《かじ》を行ったが、目の悪化は、父冷泉院、冷泉院を怨んで死んだ藤原元方や律師賀静《がじよう》の怨霊のせいとされた。彼ら怨霊の活動が前年五月から活発となったことは、藤原実資《さねすけ》の養子資平が実資に逐一報告している。

長和四年五月一日、三条天皇は御湯殿で心地が悪くなり、御前に仕えていた女（民部掌侍）も気色が変わった。律師心誉が読経や修法を行ったので天皇は回復し、女も元通りになった。加持のときの女の様子は、両手をふるわせ、邪気がついたようであったという（五月二日条）。同四日、女房に霊託があって、天皇の目は冷泉院の邪気のせいであること、そのほか多くの託宣があった。七日、心誉が女房を加持したところ、賀静と藤原元方の霊が現れて、天皇の目は賀静のせいであると告げた。賀静の霊はその後もしばしば現れ、天台座主の追贈《ついぞう》を望んだ。天皇は霊を鎮めるためにことを進めようとするが、現座主慶円の強力な反対にあって一向にはかどらない。二十二日、高階成忠の霊が民部掌侍に憑依した。霊（民部掌侍）は忿怒して子どもを踏み打ったので、蔵人親業《ちかなり》が取り離している。この日賀静の霊は座主追贈を断念し僧正を望んだ。六月三十日、こんどは女蔵人源納言に冷泉院の霊が憑依し、源俊賢《としかた》を御前に召して重用すべきこと、受苦によって御陵（桜本陵）に三昧を行われたいことを託宣した。三昧のことは源俊賢が承って行った。

先帝の霊も仏法によって祀られることを望む。受苦の身を逃れようとして、冷泉院の霊は御陵に三昧を修してほしいという。霊は僧侶の験力によって閉じ込められるが、鎮めることのできるのは別の力、すなわち受苦をのがれるための三昧であった。

先帝の霊はここでは神性・霊力はなく、神として祭祀される存在でもない。仏法の力をたのみ、ひたすら追善を依頼する霊に転化している。現世にとどまった霊は手厚く祀られることで、祟りをなす存在から子孫を守護する霊となるであろう。逆にいえば、祀られることによって天皇家の祖霊となりえても、民衆に畏怖される存在、祭祀によってさまざまな災いを除き、豊穣と安寧を約束する神にはなりえなかった。

しかし、天皇の霊託をたんに宮廷内部の問題とのみ把握するならば、天皇家とか藤原家というように、特定の家に憑いた「霊」、「祖霊」でしかない。その背後には、都市民衆の目があったはずである。

冷泉院、藤原元方、賀静らの霊に苦しめられた三条天皇の目は、日常の政務に差し支えるほどであった。邪気の調伏は主として心誉が行っていたが、天台座主慶円は道長の意向を窺って安鎮法を行わず、浄土寺僧正明救も、前日に眼病に効験ありという良源僧正の秘法（千手法）を行いたいといっておきながら、障りありと称して参内しない。その他の有験の僧侶は参内しないし、また呼ぼうともしない。[5] 賀静の霊に天台座主を贈ろうとすると、現座主の慶円の強固な反対にあう。見放された天皇は、伊勢をはじめ諸社に使を遣わして祈ろうとするが、これも再々延期された。[6] 天皇は自ら衣冠をととのえて伊勢に向かって祈る（閏六月二十六日）。天皇の眼病平癒を祈ったのは、閏六月十三日、北野社で祭を奉仕すべきの由が取り計らわれたときに宮中に参内した北野社辺の男巫であり（『御堂関白記』）、七月二十四日に侍従内侍の夢に現れてまじないにきた貴女（伊勢神）であった。

長和四年六月の疫神社花園今宮の祭祀は、まさにこうしたなかに行われた。三月以降疫疾が流行し、多くの死者が出ていることを『御堂関白記』『小右記』は伝える。西京花園寺南西の方角、紙屋河の西に新しく祀られた疫神社は、西洛の人の夢想とも託宣によるものともいわれ、同月二十五日、東西両京の民衆は御幣を捧げ、神馬を連れて社頭に向かった。作物所《つくもどころ》は神宝を造り、左右近衛、左右兵衛が奉仕し、通夜の人々は御幣・神馬を捧げ、垣内は御幣の紙だらけになり、その有様は紫野今宮の御霊会と同じであった（『小右記』）。同年の八月には、平安初期以来御霊を祀る出雲寺でも、疫疾を鎮めるために御霊会が行われたが、童部が闘乱し、後日左衛門陣・左兵衛陣官を召問したとあり、このときも左右衛門・兵衛らが加わっていたものとみられる（同）。御霊を祀る北野社としても疫疾と無関係ではありえず、当然疫神祭祀にかかわっていたであろう。男巫が天皇の眼病平癒を祈ったことと疫神祭祀とは重なりあっていたはずである。

疫疾流行と御霊は、天慶五年（九四二）に始まる北野社、正暦五年（九九四）の紫野今宮の活動と同様、ここでも一体となっていたと思われる。摂関期以後になると、怨霊は御霊信仰として展開せず、閉鎖的な宮廷社会内部のできごととして語られるにとどまり、信仰を組織するようなひろがりを持たなかった。そのことは、宮廷が神秘のヴェールにおおわれた隔絶した完全閉鎖の世界になり、外界に影響力を持つ機縁がなくなったためであると考えられている。(7) しかし、たとえ宮廷内部の抗争であったとしても、都市を構成する民衆は貴族社会の周縁に位置しており、したがって天皇と道長の動向についても敏感に反応を示していたと見るべきである。

北野社辺の男巫が天皇の眼病平癒を祈ったことが示すように、天皇の目と、道長、僧侶たちの動向は平安京の民衆の間にも広まっていただろう。今宮の牒によって作物所は神宝を造り、宮人が奉仕した。藤原実資は、「もし霊験あらばもっとも帰依すべし」という。おそらくは貴族の関与もありえよう。花園今宮の祭祀の背後にあるものを明確にはできないが、両京の民衆と行動をともにした人々のなかには、天皇の病に同情をよせ、道長に批判的であった人々のいたことも予想してよいのではなかろうか。

さて、先帝の霊託は宮廷社会から都市民衆のなかにひろがる。霊託をてこに信仰を組織していこうとする動きは平安最末期の崇徳院御霊祭祀に始まり、(8) 後白河院、後鳥羽院の御霊に連なる。次節では、祭祀を要求しながら祀られなかった後白河院の霊託をめぐって話をすすめたい。

二　後白河院霊託

後白河上皇が御霊の祟りによって苦しめられていたのは、崇徳院御霊の神祠建立と祭祀に朝廷は関与せず、上皇一人の手によっていたという『百錬抄《ひやくれんしょう》』寿永三年（元暦元年・一一八四）四月十五日条に「くだんのこと、公家知ろしめさず、院中の沙汰なり」と記載されていることからも知られるが、その後白河院の霊が現れて、廟所建立を要求するという事件が起こった。『愚管抄《ぐかんしょう》』によれば、建久七年（一一九六）藤原公時《きんとき》に仕える橘《たちばなの》兼仲《かねなか》の妻に霊が憑いて「我祝《いわ》へ、社《やしろ》ツクリ、国ヨセヨ」との託宣があり、沙汰の上狂惑とされて夫は隠岐、妻は安房に流された。この託宣を信じたのかどうかはともかく、兼仲のいうように沙汰すべきであると支持したのは、入道藤原能保《よしやす》、浄土寺の二位（丹後局、高階栄子）であった。そこで公時を呼んで聞いたが、何もいうことなく、験もなかったという。

ついで元久三年（一二〇六）四月二十日に後白河院廟を建立しようとする計画が起こり、院において議定《ぎじょう》があった。内府忠経ほかは賛同して、神社を崇められる旨の宣旨を出すべきであるといったが、ただ一人春宮大夫徳大寺公継《きんつぐ》が反対し、まず院が御祈請あってのち沙汰をいたすべきである、といったので決定しなかった（『猪隈関白記《いのくまかんぱくき》』『三長記』同月二十一日条）。

ことの起こりは、上皇に朝夕仕えていた刑部権大輔源仲国の妻（源季景女）に託宣があったからである。妻は丹後局の縁者、夫の仲国は木工権頭で後鳥羽院細工所《さいくどころ》に所属している（『尊卑分脈《そんぴぶんみゃく》』）。仲国は、『明月記』によれば平宗盛妻の乳母子《めのとご》であったという（正治二年閏二月十一日条）。

院議定より先の正治二年（一二〇〇）十二月十五日に藤原定家がこのうわさを聞いて記している。去る頃仲国妻に後白河院の託宣があり「世間のこと、種々の雑言、懇望述懐」などを称し、そのことはあらあら世間に風聞しているという。『猪隈関白記』が、ここ七、八年託宣のことがあり、少々は事実と符合するところもあるというのは、正治頃から始まっていたことをさすものであろう。このたびの託宣の内容は「神社を崇めらるべき」よしであった。『三長記』建永元年（一二〇六）五月十日条によると、託宣が朝廷で取り上げられたのは、今度もまた丹後局がかかわり、その工作によったものといわれる。丹後局はかつての勢力は失っていたとしても、後白河上皇の寵愛を受け、後鳥羽天皇即位の際、夢想によって鳥羽天皇を位につけた実力者である。仲国妻は丹後局の縁者で、託宣のことを丹後局に話した。丹後局は摂政近衛家実と同心してこの工作を進め、院へ申して公《く》卿僉議《ぎょうせんぎ》におよび、公継以外は建立賛成であったから、廟所建立寸前までいったのである。

慈円は頼実・卿二位（藤原兼子）のもとに文を遣わし、「先《まず》此ノ如キノ事ハ怨霊トサダメラレタル人ニトリテコソサル例、多ク候へ」と、後白河院が怨霊として認識されるべき存在ではないと述べ、仲国妻の託宣は狐天狗のせいと断じ、神祠建立に反対した。後鳥羽上皇も公継の言を実行し、熊野に詣でて神意を問い、「不快」との結果で取りやめとなった。仲国は官を解かれ、夫妻は都を追放され、摂津中山寺に押し込められた。夫妻が流罪にならなかったのは、託宣は狐天狗が憑いたのであって、これは病気だから罪にするほどのことはない、との慈円の進言によっている。偽りの託宣は、国家をおびやかすもの、妖言として流罪に処せられた。病気としたのは、背後にからむ家実・丹後局らに対する政治的配慮もあったからと思われる。

　仲国妻の託宣の内容は、元久三年三月七日に没した九条良経の死の原因が後白河院のせいであり、『愚管抄』によると「我祝へ」と祭祀を要求したとある。『三長記』の筆者藤原長兼《ながかね》は慈円の言葉として、仲国妻は、廟の尊崇は石清水に劣らないこと、廟庭において、常に上皇が好んだ田楽猿楽など雑芸を演じて供えるように、といったこと（五月十日条）、ある人の言として、廟建立ののち夫の仲国を神主に補し、神領を寄せるように、といったと記している（同二十三日条）。

　慈円は「スデニ京中ノ諸人コレヲ承テ、近所ニタチテ」いること、周辺には「ミコ・カウナギ・舞・猿楽《さるごう》ノトモガラ」、「アカ金《がね》ザイク何カト申候トモガラ」がいて、託宣の同調者となっていたことを指摘している。

　後白河上皇が巫女や白拍子・遊女らと交流のあったことは有名である。『梁塵秘抄口伝集《りょうじんひしょうくでんしゅう》』には、熊野の「いちこ」、厳島の「まさしきみこ」、上皇の召しによって今様グループに加わっていた江口、神崎、墨俣、青墓の君たちがみえている。しかも上皇は、晩年には巫女の託宣によって行動を決していた。『玉葉』建久二年（一一九一）七月三日条によると、今能野・日吉二宮の巫女が神託と称して「今月御慎みあるように」といっている。翌年二月十三日（上皇の死の一ヵ月前に当たる）には、巫女の託宣によって日吉社で病気平癒を祈った。しかし、慈円にいわせれば、上皇の最期は神の助けもなかったのである(『玉葉』『三長記』)。

この事件は源仲国とその妻だけでなく、背後に後白河上皇が好んで仕えさせていた「ミコ・カウナギ」「舞」「猿楽」者の集団がおり、「アカ金ザイク」の人々がかかわり、組織された集団があった。(9)「アカ金ザイク」とは、おそらく仲国が補されていた後鳥羽院細工所に属する職人集団と思われる。木工寮修理職・作物所・細工所は伝統的に都の御霊会の神輿や神宝の製作を担ってきた。細工所の職人集団の参加は仲国によって組織されたものであったろうが、平安時代以来の御霊会の担い手であった彼らの参加は、都の人々を巻き込むうえで大きな影響力を持つものであったと思われる。

霊託によって神祠を建立し、信仰を組織しようとする動きは、都市民に影響力をおよぼしていたことを意味する。もし、石清水八幡に匹敵する後白河院の神祠を中心に信仰が組織されたならば、それは新しい御霊神の誕生になったはずであり、巫女や芸能者のセンターとなったはずである。天皇の霊託は、もはや神秘のヴェールにつつまれた宮廷社会のできごとではなく、霊託を受けた女性とその夫らによって奉じられ、京中や諸国の巫女・芸能者の拠点に拡大され、民衆の信仰を組織する有力な武器となっていたのである。

三　性と血筋

『後鳥羽院御霊託記』（『続群書類従』雑部）は、承久の乱後隠岐に流され、憤死した後鳥羽上皇の霊託を集めた書であるが、この書だけでなく、後鳥羽院御霊の霊託は、当時の記録類にしばしばみえ、世間をゆるがす存在であった。

『葉黄記《ようこうき》』宝治二年（一二四八）七月三日条によると、検非違使右衛門少尉中原章澄の妻である十六歳の女性が病気になり、後鳥羽上皇の霊が憑いて、神祠を高陽院に建てて御霊を祀るべしといった。章澄の妹が大宮院に奉仕していたため、霊託は大宮院から朝廷へ伝えられたのである。しかし、この霊託は取り上げられるところとはならなかった。ここで終わったならば、先の後白河院霊託の事件と変わらない。だが、その翌年に伊賀局亀菊にふたたび霊託があった。

『岡屋関白記』建長元年（一二四九）三月二十七日条に「後鳥羽院御霊託のことを伊賀局（平生御愛物亀菊）が申すには、「わが没後は必ず思うところを行うべし、しかるごときの時、人定めて崇徳院のごとき沙汰を致すか、全く願うところにあらず、止め申すべきなり」と。これは伊賀局に託されたことという」とある。「崇徳院の廟建立のときと同様のことはしないでほしい」との後鳥羽院の霊託によって、廟を建てて祭祀することは取りやめとなった。

細川涼一氏は「王権と尼寺――中世女性と舎利信仰――」において、亀菊像について、後鳥羽院に性を独占されない奔放でノンモノガミイな姿は、「性」を「聖なるもの」として自律的に生きた女性（遊女）の姿を失っていなかった、とされ、さらに、『岡屋関白記』の亀菊像は、前年の霊託を否定するためのより強力な「巫女」としてかつぎだされたものであり、この当時すでに後鳥羽院の「巫女」として、後鳥羽院との一体感に生きた亀菊という「亀菊伝説」が形成されていたことを示すものであると指摘されている(10)。

亀菊に降りた霊託は、神として祀られることを拒否し、御霊として祭祀されるよりも、「わが没後は必ず思うところを行うべし」という。宝治・建長の霊託以前、嘉禎二年（一二三六）の「伊王左衛門入道西蓮隠岐に参り、御前において勅宣を蒙るの記」、同三年の「置文案」は、怨霊説や霊託の根拠となっていたといわれている(11)。ここに上皇は「ただ妄念をすてて、生死をいでんとこそ、仏にも申すとも、せめての事にいいおく也」と、菩提を弔うことを望む。亀菊がこの文言を知っていたとしても不思議ではない。亀菊の霊託は、「思うところを行うべし」との上皇の意志を、自らの意志とする彼女の立場をつらぬいたものというべきであろう。

さて、亀菊が霊託を受けたのは、細川氏の指摘されるような「亀菊伝説」の形成過程で成立した伝承であったとしても、亀菊が「天皇の巫女」の系譜をひく女性であることがその伝承の生まれる背後にあったことは否定できない。もとより職業的巫女の系譜に属する白拍子であったという出自にもかかわっていようが、わたくしには、上皇に仕え、上皇との間に性的な交わりのあったことがいっそう重要な意味を持っていると思える。

古代の伝承にみるように、玉依姫は神に選ばれた妻として夫である神と交わり、聖性を分与されて御子神の母となり、神として祀られる。後代、巫女は神のよりましとして神をおぎ招き、神と一体化することによって聖性を分与され、神により近づき、代理人としてその声を聞く。

義江明子氏は、天皇の神性の保持継続にかかわる内侍の役割について、次のように指摘された。すなわち、内侍（典侍・掌侍）は内侍所御神楽に際して神饌を供え陪膳を勤め、春日（大原野）・平野社の神祭には宮中の使者として遣わされ、神殿の最も近い座にあって神供奉仕を行うなど、斎女《いつきめ》の機能を引き継いでいたことから「天皇は宮廷においては内侍を通じてのみ伊勢大神（の分身）を祀り得た」のであり、内侍は天皇のほかに斎宮・斎院・中宮・女院などの天皇に最も身近な女性たちに仕え、その代理たる存在であって、内侍の祭祀者としての性格は、天皇のために天皇を守護すべき神々の祀りを行う女性の代理・分身であった、という(12)。

『小右記』長和四年（一〇一五）七月十二日条に、昨夜藤原資平が参内して御物忌に籠ったとき、にわかに病気になり占ったところ、霊のせいではないかということで、昨夜籠っていた内侍所の霊であろうか、といっている。神鏡を安置する内侍所は、内侍が神を祀る場所、聖なる場所と意識されていたが、同時にそこには霊が住むと考えられていたのである。そして内侍は天皇のよりましとなって霊を憑依させ、霊託を語った。

『紫式部日記』に、寛弘五年（一〇〇八）九月、藤原道長の女、一条天皇中宮彰子が皇子（敦成親王、のちの後一条天皇）を出産したとき、屛風を一双ずつめぐらして、もののけが移ったよりましの人々を囲い、源の蔵人、兵衛の蔵人、右近の蔵人、宮の蔵人、宰相の君のそれぞれについて心誉阿闍梨以下の験者が加持した、とある。彼女たちは中宮に属する内侍所の女蔵人であった。天皇や中宮のよりましには内侍所女官が当てられていたようである。

すでに述べたように、長和四年五月に冷泉院御霊が憑依したのは、民部掌侍・女蔵人源納言の二人の女官であった。三条天皇が御湯殿で心地が悪くなったとき、御前にいて邪気におそわれた女性、四日に心誉からもののけを渡された女房も、民部掌侍のことと思われる。また、二十四日条には侍従内侍の夢想にいわくとして「蔵人懐信昼《ひ》の御座《おまし》に参る。その装束を見るに、表衣の上に浄衣を着し、奏していわく、伊勢より、御目まじないに、人参せり。したがって勅して召すべしといえり。即ち召すべきのよし仰せられ、小時貴女一人日華門より御所に参り、御目をまじないたてまつる。件の貴女装束裙帯《くんたい》を着すと云々」とある。伊勢神が天皇の目を治すとの告である。内侍を通して伊勢神の計らいが語られる。

源師時の日記『長秋記』元永二年（一一一九）八月二十三日条に、内裏に伺候している故讃岐前司藤原顕綱の姫（字讃岐、前典侍）が、去年秋頃からたびたび先朝御霊と称して種々雑事を奏したことがみえる。このときの霊託の内容は、

①「われ当今を守護し奉らんため、常に内裏にあり。しこうしてこの間中宮御方、これしばらくして懐妊なり」

②「今に於いては皇子降誕すべきの由、内侍所に参り朝暮祈請する所なり。そのことすでに叶うべし。禁中の人々感悦すべし」といい、事実となったので主上も宮中の人々も信じた。

③「吾先朝の霊なり。度々この人に託し奏せしめる旨実あり。よって裏《(ママ)》この女房に申さしめる所なり。この賞に於いては女房の申請にしたがって行わるべきなり。しからざれば怨心を結び悪

事をなすべし」その所望が容れられなかったため、

④「悪霊として子孫を執り殺すべし」、

というものであった。

讃岐前典侍とは、周知のように『讃岐典侍日記《さぬきのすけ》』の筆者として知られる藤原長子である。『讃岐典侍日記』は、嘉承二年（一一〇七）七月、堀河天皇の病と死をみとったことと、天皇の死後白河上皇の命により幼年の鳥羽天皇に出仕し、内侍（典侍）として仕えながら、亡き堀河天皇との愛の思い出（讃岐との間に性的交渉があった）を書き綴ったものである。

ことの真偽はおくとして、(13)彼女がかつて堀河・鳥羽天皇の典侍であり、鳥羽天皇即位の際、褰《けん》帳《ちょう》（とばりあげ）の役を果たし、内侍所神楽に陪膳役を勤めた（『讃岐典侍日記』）というその履歴からしても、また神の子孫たる天皇との性的交渉を通して聖性を分与された巫女としても、先帝の霊託を伝えるにふさわしい。

長子は内侍（典侍）として、その職掌によって天皇の聖性を保持する巫女であったが、数ある内侍のなかで、何故に讃岐のみ霊託があったのかを考えるとき、讃岐が天皇と交わりを持った女性であったからではなかったかと思われる。崇徳院神祠建立のときは、上皇とともに讃岐国に従った兵衛佐局がかかわっていた（『吉記』寿永三年四月一日条）。夢想によって後鳥羽天皇を即位させた丹後局も、後白河院の寵愛を受けた女性であった。「天皇の巫女」とは、たんに職掌として巫女的役割を負うというのみでなく、天皇との交わりによって分与された聖性が巫女たらしめる要因の一つとなっていたのではないだろうか。霊託が最大の影響力を発揮できるのは、天皇と直接のつながりを持ち、そのことによって霊託の意図するところを実現しうる女性に限定される。讃岐・兵衛佐・丹後局・亀菊はそのような女性であった。また、丹後局の力で後白河院霊託をひろめようとした源仲国妻、大宮院によって霊託をおおやけにすることができた中原章澄妻も末端で連なっている。

尼とか巫女、俗人女性の区別をしないで「託宣あるいは霊託を受けたもの」という物差しで計るなら、だれがよりましとなるか、だれが霊により近いか、が問題となる。ならば、霊に最も近い存在は、妻や娘、そば近くに仕えた従者たちであり、いわば「性と血筋」から導き出せるといえるだろう。従者もまた末端で聖性を分与されてゆく。性と血のつながりが聖性の系譜を形成する。

むすび

性と血のつながり、といえば「天皇の巫女」に限らない。早く柳田国男が指摘するように[14]、巫女は代々神職の家によって受け継がれているし、教団の周辺にあって村々を歩いた験者とその妻（彼女は夫たる験者のよりまし＝巫女であった）もまた、同様に性と血筋によって受け継がれている。唯一妻帯を公認する本願寺の系譜は、親鸞と妻恵信尼とその子孫の性と血の系譜である。妻恵信尼にとって夫親鸞は仏菩薩の化身であり[15]、妻は夫と一体化することで仏菩薩と連なり、その血筋を伝える役割を負う。前近代では親鸞と玉日の系譜として語られ、還流されて、末端の道場坊主とその妻

(坊守)の宗教的役割を規定する。[16]

亀菊が後鳥羽院から舎利を相承したことは、『東寺御舎利相承次第』にみえる。[17] この舎利相承次第の成立に律宗僧がかかわり、後宮女性や王家の女子の籠居の場所となっていた律宗寺院の舎利信仰に一定の役割を負っていたことは、細川涼一・田中貴子の両氏によって明らかにされている。[18]

細川氏は「上皇(天皇)と関係をもった女房や出生の事情を公表できない王家(天皇家)の女子が多く舎利を相承して法華寺(＝律宗の尼寺)に入寺したのも、彼女らがかつて王権ときわめて近い距離にいる女性であったことを舎利の分与をすることで彼女らに保証するとともに、王権の恥部をその存在をもって知っている彼女らを社会成層上から尼寺に切り離して隔離・籠居させる意味をもつもの」であり、舎利は「かつての上皇(天皇)と直結した栄光の日々にたいする「思い出」を保証するものであった」という。

たしかに、舎利は王権のシンボルであり、南都の尼たちの栄光の日々に対する「思い出」の保証であった。舎利が王権のシンボルならば、宗教的存在としての天皇の聖性の分与であり、舎利はその証《あかし》でもあったはずである。法華寺律宗比丘尼空如(高倉局)とその周辺の尼衆たちが体験した舎利の霊験・夢告は、叡尊によって『法華寺舎利縁起』[19]と題され、舎利相承の真実性を保証した。空如が舎利の縁起に重要な役割を果たしていることは、田中氏が推測されるように[20]、空如が律宗中興の起源を語る人物と考えられていたことを示すものにほかならず、彼女が尼たちに与えた舎利の分散という奇蹟を通して舎利信仰、ひいては法華寺の信仰をひろめた可能性を持っている。

尼衆たちが受け継いだ舎利は、分散により増加させることで、その系譜をふくらませる。舎利の相承は、王家の末端に位置し、その構成員であることの隠された保証であり、天皇の性と血のつながりを持った女性（尼）へ、さらに周辺へと連なってゆく。[21] そして、「仏」と人とのつながりを保証し、「仏」の後継者たる証となるのである。律宗の尼寺、中宮寺長老にして再興者であった信如は、本願である穴穂部間人皇女《あなほべのはしひとのひめみこ》の忌日を知りたいと願い、同行の尼の夢告によって法隆寺綱封蔵の中から天寿国曼荼羅繍帳を発見したという。信如の行動はすべて霊託・夢告にいろどられる。[22]

神仏に参籠して祈請し、一体化して霊託・夢告を授けられた僧もまた、神仏から聖性を分与され、神仏との間に系譜を作った。

霊託によって僧に信仰を確信させた神々は、救済を願った人々に対して僧の信仰を保証し、信仰の系譜をいろどる。たとえば、融通念仏の念仏名帳勧進は、阿弥陀仏の霊託と鞍馬の毘沙門天をはじめ仏教守護の神々や京内・諸国の神々に保証されて加入者の往生を確約し、人々は名帳に名を連ねることで救済の系譜に加えられる。熊野権現の霊託によって、浄不浄・信不信を問わず救済の対象となることを確信した一遍は、もっとストレートに「南無阿弥陀仏　決定往生六十万人」の札を配って諸国をめぐる。札は一遍によって熊野権現＝阿弥陀仏と民衆とを直接結ぶ役割を負う。

聖徳太子の示現を得た親鸞は、聖性と正当性を確信し、阿弥陀仏の系譜に自分自身を連ね、さらに弟子から信者へと連ねてゆく。浄土真宗仏光寺派の本尊である光明本尊は、阿弥陀仏—天竺—震旦—和朝（聖徳太子—源信—源空—親鸞）—門弟（仏光寺教団）の系譜を描く。仏光寺派の諸集団が制作した絵系図は、入信者の絵像を連ねることで教線を拡大したといわれている。絵系図は門弟とその妻を筆頭に描き、その門弟は光明本尊に描かれた親鸞像へと結ばれる。光明本尊を下付された末寺は、光明本尊によって親鸞―門弟（本寺―末寺）を結び、絵系図によって門弟―在地民衆を結ぶ。もちろん、光明本尊は仏光寺教団の正当性を示す系図であり、絵系図は末寺門弟の由緒正しい系譜を示すものであるから、教学上の解釈があるのは当然である。だが、光明本尊・絵系図の有する機能の点からいえば、それは煩わしい教学上の正当性を説こうとするものではなく、門弟たちがいかに親鸞の近くに位置する存在であるか、その教えがいかに由緒正しいものであるかを示し、民衆がどのように光明、つまり親鸞から聖徳太子、阿弥陀仏へと連なっているかを説くためであったと考えられる(23)。

中世の人々にとって、霊託・夢告は信仰の正当性を確信させ、行動する論拠であった。高僧をはじめ下級の僧尼に至るまで、また神官や巫女、町や村を歩く下級宗教者たちにとっても、信仰を組織するてだてとなっていた。「天皇の巫女」たちの活動、すなわち天皇の霊託を媒体にして集団を組織しようとし、あるいは舎利を媒体として系譜をつくってゆこうとする動きも、叙上と不可分ではない行動であったといえるだろう。

僧が経論のうえからさまざまな解釈を立てて女性救済を目指したとしても、経論の説く女性忌避の論理から解放されることはできない。日本仏教史上、女性が救済者として登場することは少ない。『日本霊異記』下第十九に、「猴聖《さるひじり》」と人の嘲った尼は、のち「舎利菩薩」と尊称されて道俗帰敬したと伝える。中世には信仰を伝え歩く尼の存在もみえるが、なお、諸宗派の教祖（宗祖）となることは皆無であり、教団の活動としては、女性は常に被救済者の立場におかれている。ようやく近世後期になって女性を開祖とする宗教が現れ、現代の大小の新宗教の多くも女性宗教者が教祖となっている。これらは、いわば民俗宗教の系譜に属し、教義や修法は仏教で色づけされ、教祖自身も仏教の修行をしていたとしても、その本質は、彼女自身の霊能力によって予言や祈禱を行い病気を治すなど、巫女的資質を駆使して活動していることは知られている。

古代中世の巫女たちは託宣によって国のゆくえを予言し、あるいは僧の信仰を確信させた。町や村を渡り歩く名もない巫女も、神仏の言葉を伝えて災害や病気の有無から吉凶、生死を予言し、人々の生活や信仰にそれなりの救いをあたえた。たしかに、巫女は神仏の「取り次ぎ」として能動的な役割を果たしている。近年、女性と宗教・祭祀を考えるうえで巫女を視座の中心におく傾向があるのは、彼女らの活動が唯一能動的であったことにもよるだろう。

だが、ひるがえって考えるならば、職業的宗教者（尼・巫女）とか俗人女性といったような部類の分けかたによって宗教活動をみてゆくよりも、どのような場で神仏の声を聞こうとしたか、神仏に祈ったかを追うことによって、女性の宗教的役割や信仰のありかたをも明らかにできるのではないだろうか。

註

（1）内供奉・護持僧の役割については山折哲雄『日本人の霊魂観　鎮魂と禁欲の精神史』（河出書房新社、一九七六年）第二・三章、湯之上隆「護持僧成立考」（『金沢文庫研究』二六七、一九八一年）参照。
（2）『中右記』嘉承二年九月一日「源中納言夢」、天仁元年正月十四日「大江匡房夢」、同年七月二十四日「香隆寺辺下人夢」、同二年十一月十五日「香隆寺済朝阿闍梨夢」など。
（3）兼実が自分や女房の夢を必ず記していることは西郷信綱氏の指摘がある（『古代人と夢』、平凡社、一九七二年）。『玉葉』治承三年七月二十六日条に「頼輔入道吉夢」「信助阿闍梨吉夢」、同四年十二月五日「ある者の夢に云う」などの例がある。
（4）以下は『小右記』が詳細に記している。本稿ではとくに断らないかぎり『小右記』による。
（5）『小右記』五月十六日・六月十三日・閏六月十二日条。
（6）『小右記』四月二日・六月二十七日・二十八日・閏六月一日〜二十九日・七月五日・十七日・八月二日・三日・九月五日。九月十四日伊勢および諸社に奉幣、十月二日伊勢および春日社に御祈使発遣。
（7）高取正男「御霊信仰を理解するために」（京都女子大学史学会『史窓』三八、一九八〇年、のち『民間信仰史の研究』法藏館、一九八二年に再録）。
（8）崇徳院御霊祭祀については西田直二郎「崇徳天皇御廟所」（『京都府史蹟調査報告書』第十一冊、一九三〇年）参照。
（9）後藤紀彦氏によれば、「院政期に畿内近国の遊女・傀儡・白拍子を雅楽寮付属の機関を設けて再編し、恒例・臨時、あるいは番に組んで院や女院・朝廷の御所に歌舞を奉仕することが義務づけられていたのではないか。それは供御人とほとんど同じ組織であり、そのさい遊女の側で求めたものは、遍歴する職人と同様に、京と江口・神崎、京と美濃といった地域の自由交通権と安全の保障であった」と推測されている（「遊女と朝廷・貴族」『週刊朝日百科　日本の歴史』中世一―三、一九八六年）。とすれば、細工所の職人集団と芸能者集団は、後白河院のときより以前に密接な関係を持っていたと考えられる。

(10) 細川涼一「王権と尼寺――中世女性と舎利信仰――」(『列島の文化史』5、日本エディタースクール出版部、一九八八年)。
(11) 龍粛「承久聖挙の遺響」(『鎌倉時代の研究』、春秋社、一九四四年)。
(12) 義江明子「儀礼と天皇――内侍をめぐって――」(現代のエスプリ別冊『天皇制の原像』、至文堂、一九八六年)。
(13) 霊託は当初信じられたが、兄道経の近江守任官と長子の宅を要求したことから信用されなくなり、白河上皇の指図で邪気として参内を止められ道経に預けられる。
(14) 柳田国男「妹の力」「巫女考」(『定本柳田国男集』第九巻、筑摩書房、一九六九年)。
(15)「恵信尼書状」(『真宗史料集成』一、同朋舎、一九七四年)に、常陸下妻の境郷に住んでいたとき見た夢に、親鸞が観音の化身であると知ったと書き送っている。
(16) 親鸞とその妻を前提として、道場主と妻を教団の基礎に位置づけたことについては、遠藤一「坊守以前のこと――夫と妻、真宗史における女性の属性――」(シリーズ女性と仏教3『信心と供養』、平凡社、一九八九年)参照。
(17) 註(10)前掲細川論文に、東京大学史料編纂所架蔵本により紹介されている。
(18) 註(10)前掲細川論文、田中貴子「仏舎利相承系譜と女性――胡宮神社『仏舎利相承次第』と来迎寺『牙舎利分布八粒』を中心に――」(研究会・日本の女性と仏教『会報』4、一九八七年)。
(19)『法華寺』(『大和古寺大観』第五巻、岩波書店、一九七八年)、『西大寺勅謚興正菩薩行実年譜』(奈良国立文化財研究所監修『西大寺叡尊伝記集成』、法藏館、一九七七年)。
(20) 田中貴子「八条院高倉の出生と出家――来迎寺文書の資料など――」(広島大学国語国文学会『国文学攷』一一八、一九八八年)。
(21) 中世寺院組織が師資相承をたてまえとして父子・兄弟・同族を組み込んで血統相続する「僧の家」からなっていたこと(拙稿「僧の家」『女の力――古代の女性と仏教――』、平凡社選書、一九八七年)に対して、禅律の尼寺は世襲されない単身者集団である（細川涼一「鎌倉時代の尼と尼寺——中宮寺・法華寺・道明寺——」、『中世の律宗寺院と民衆』、吉川弘文館、一九八七年）。尼たちは単身者であるが、彼女らを結びつける舎利の系譜は、天皇（上皇）から分与された系譜であり、天皇を中心にした擬制的「家」集団を形成しているといえる。

(22)　信如については、註(21)細川前掲書、阿部泰郎「中世南都の宗教と芸能——信如尼と若宮拝殿巫女をめぐりて——」（『国語と国文学』、一九八七年五月号）参照。

(23)　拙稿「絵系図に見る『家』の祭祀」（『月刊百科』二八八号、一九八六年、のち『真宗重宝聚英』第十巻、同朋舎、一九八八年に「絵系図まいりと先祖祭祀」と改題再録、本書収載）。

Ⅲ　僧と妻

成仏説と女性

――「女犯偈」まで――

はじめに

親鸞夢記云
六角堂救世大菩薩示現顔容
端政之僧形令服著白衲御
袈裟端座広大白蓮告命
善信言
　行者宿報設女犯
　我成玉女身被犯
　一生之間能荘厳
　臨終引導生極楽

親鸞夢記に云く
六角堂救世大菩薩、顔容端政の僧形を示現して、
白衲の御袈裟を服著せしめて、
広大の白蓮に端座して、
善信に告命して言く
　行者宿報にてたとひ女犯すとも
　我玉女身と成りて犯せられん
　一生の間能く荘厳して
　臨終引導して極楽に生ぜしめん

救世菩薩誦此文言此文吾誓

願ナリ一切群生可説聞告命

因斯告命数千万有情

令聞之覚夢悟了

救世菩薩此の文を誦して言く、此の文は吾が

誓願ナリ、一切群生に告命を説き聞かすべしと

斯の告命に因て、数千万の有情

之を聞かしむと覚えて、夢さめおわんぬ

これは三重県津市専修寺に蔵する「親鸞夢記」で、「女犯偈」とよばれるものであることは周知のとおりである。かつては親鸞自筆と見られていたが、平松令三氏によって真仏筆の「経釈文聞書」の断簡であることが判明した。(1) 真仏は正嘉二年（一二五八）に没しており、このとき親鸞は八十六歳であったから、真仏が書写したのは親鸞が生存中であり、親鸞自身が書き与えたものが門弟によって書写され、流布していたことがわかる。

この夢告が、「恵信尼書状」第三通に、建仁元年（一二〇一）、若き日の親鸞が比叡山から洛中の六角堂に百日参籠して観音に祈り、九十五日目に聖徳太子の示現を蒙って得たという示現の文であることは、ほぼ疑いのないところである。(2)

偈の内容は、

①行者が宿報にして女犯をしたならば、わたくしが玉女身となって犯されてあげよう。

②一生の間行者を荘厳してあげよう。

③臨終のときは極楽へ導いてあげよう。

というもので、観音が高貴の女性（玉女）に化身して僧を救済しようという三つの約束である。い

わば、女性による僧の救済という、ある種の成仏説であるともいえる。

名畑崇氏によると、六角堂の本尊は如意輪観音であり、親鸞は六角堂に参籠して、救世菩薩すなわち聖徳太子の示現を蒙った、という。さらに、性欲に悩む僧に如意輪観音が女性に変じて交わり、極楽浄土に導く、というモチーフは、親鸞における示現の文だけではなくて、中世の僧団内に知られていたことを指摘されている。(3) すなわち、東密の『覚禅抄』「如意輪末車去車」(4)に、

本尊王の玉女に変ずる事
又云わく、邪見心を発し、淫欲熾盛にして世に堕落すべきに、如意輪我れ王の玉女と成りて、其の人の親しき妻妾となりて共に愛を生じ、一期生の間、荘厳するに福富をもってす。無遍の善事を造らしめ、西方極楽浄土に仏道を成ぜしめん。疑を生ずることなかれと云々。

とあって、如意輪観音が王の玉女となって一生の間よく荘厳し、福貴にして善根を造らせ、極楽浄土に成ぜしめよう、というものである。文言は「女犯偈」とやや異なるが、大意は共通する。『覚禅抄』が挙げる典拠は不明で、密教経典や儀軌類には見当たらず、日本の密教にのみ存在するかどうかは明らかでない。覚禅（一一四三〜?）が「如意輪末車去車」を記した時期は不明であるが、「如意輪上」奥書に、建久九年（一一九八）の年紀があり、(5) これとほぼ前後しているかと思われ、親鸞の示現の文より先立って、この伝承が存在していたと考えられる。

また、赤松俊秀氏によって紹介された『慈鎮和尚夢想記』に、慈円が建仁三年（一二〇三）六月二十二日暁に見た夢は、神器のうち剣璽の二つについて「国王御宝物神璽・宝剣、神璽は玉女なり。

此の玉女は妻后の体なり。王、自性清浄の玉女体に入り、交会せしめ給う。能所共に罪無きか。此の故に、神璽は清浄の玉女なり。夢想の中これを覚知しおわんぬ」、「刀は宝剣なり。王の体なり。鞘は神璽なり。后の体なり」あるいは「神璽は仏眼仏母乃ち玉女なり。金輪聖王は一字金輪仏頂」と述べている。(6)

『覚禅抄』と親鸞、慈円の夢想についてはさまざまな解釈がされているが、近年、親鸞における女性の性、「玉女」についてどう読むか、など新しい方向で考察されている。

山本ひろ子氏は、玉女は神璽であり、如意宝珠であり、玉女と転輪聖王の交会を夢見た慈円の、王権を支える母性性原理を見出し、さらに陰陽道や修験の修法吒枳尼天《だきにてん》・聖天・弁才天との通有性を指摘され、中世比叡山常行堂の摩多羅神《またらしん》も吒枳尼天と習合して密教修法の吒天法となり、吒天法は伊勢神の秘法としても用いられ、それは即位灌頂と同じ内容であったという。(7)

田中貴子氏は、偈の「玉女身」、『覚禅抄』「王の玉女」に注目され、慈円・明恵の夢から、「玉女」は如意宝珠の暗喩であり王権の巫女を意味し、すぐれて性的なイメージと母性性のイメージを併せ持ち、女性の性が王権の護持・保持に果たした役割を明らかにされたうえで、「玉女」は僧団内の弱者としての児伝承に共通し、親鸞の場合には聖徳太子信仰に収斂され、親鸞の聖徳太子に対する感情は、聖なる肉親というべきものであり、太子の家族は親鸞の生活規範となっていたのではないか、という。(8) 山本・田中両氏とも、論旨は異なるが、「玉女」を王権とのかかわりでとらえられる点で共通する。

また、遠藤一氏は、「女犯偈」を「親鸞の被救済意識の根幹を支える仏からの福音」とし、「無戒名字の比丘」を、肉食・妻帯を中世日本仏教界で認知させようとする試みとみて、「破戒を宗とする思想性」を指摘し、新しい親鸞像を構築しようとしている(9)。

以上によって、『覚禅抄』「本尊王の玉女に変ずる事」、「女犯偈」は従来考えられなかったような新しい展開をみせ始めた。女性の性の力は、新しい修法、王権護持、あるいは親鸞を中心とする集団の性生活の保証に至るさまざまな意味をもつ存在となったのである。

あらためて指摘するまでもなく、僧が説いた女人成仏説・女人往生説は、五障三従、変成男子・転女成仏説を前提としたものである。平安仏教、鎌倉仏教のどの僧侶、どの教団も、程度の差こそあれ、この文言によって女性たちに成仏を説いた。なかでひとつ異なるのは、女性は菩薩の化身であり、女性と交わることによって僧の成仏を約束する、という説である。その代表的なものが、「女犯偈」であろう。もちろん、これは、「女犯僧の成仏」をさすものであり、当面は女性を含める成仏説ではない。しかし、中世にはこの文言が女性をも組み込んだ成仏説へと展開していたのではないかと思われる。

小論では、「女犯偈」に至るまでのわが国における僧と性の問題を取り上げ、女性の性にかかわる成仏説がどのようなかたちで成立したかを考察してみたい。

一　菩薩の化身

『覚禅抄』の「王の玉女」、『慈鎮和尚夢想記』のいう「玉女は妻后の体」は、国王の妻をさす。奈良時代、後宮女性が菩薩の化身として説法するという論理がすでに存在していたことは、本郷真紹氏によって指摘されている。すなわち、『元興寺縁起』に「経に曰く、王の後宮において変じて女身と為し、而して説法を為す」とあり、経とは『法華経』妙音菩薩品「王の後宮において、変じて女身と為し、而して是の経を説く」をさすという。(10) しかしこの場合は「性」にかかわる文言は見出せない。

僧が女性と交わり、あるいは妻子を蓄えることが一般に行われており、十一世紀後半になると、寺院は世襲された「僧の家」を組み込んでいた。(11) したがって、僧の妻帯を社会が容認していたことは事実である。このことに対応するかたちで、仏菩薩が女性の身に変じて救済するという伝承も、説話のモチーフとしてみることができ、僧の世襲の進行とともに女性の性を容認する思考が生まれてくる。ここでは、そのいくつかを手がかりにして考察を進めてみたい。

A　吉祥天と僧

『日本霊異記』中巻第十三話「愛欲を生じ吉祥天女の像に恋ひ、感応して奇しき表を示す縁」に見える。聖武天皇の頃に信濃の優婆塞《うばそく》が和泉国血渟《ちぬ》の山寺に住んで吉祥天女の摂像に恋い、「天女のごとき、容《かお》好き女をわれに賜へ」と願ったところ、夢に天女の像と交り、翌日天女の像の裙《も》の腰が汚れているのを見て、天女が自ら交わったことを知った、という話である。

この話自体は、優婆塞が吉祥天に「容好き女」を祈ったというのみで、天女が交わることで優婆塞を救済するという展開はない。むしろ田中貴子氏の指摘にもあるとおり、性の充足を期待し天女がかなえるところに重点がある。(12) 結語の部分に、涅槃経《ねはんぎょう》を引用して「「多淫の人は、画ける女にも欲を生ず」といふは、其れ斯れを謂ふなり」とあり、「画ける女」云々は、上巻第十七話にも「僧の感ずる画女すらも、尚哀《かなし》ぶる形に応《こた》ふ」の言葉がある。『大般涅槃経』にはこの文言が記されていないので、典拠は不明であるが、景戒の意識下における「女」と僧、あるいは、天女と僧とのかかわりを暗示しているといえよう。この段階では、まだ女性との交わりが僧を救済するというモチーフは示されていない。

B　虚空蔵菩薩と比叡山の僧

『今昔物語集』巻十七第三十三「比叡山の僧虚空蔵の助によりて智《さとり》を得たる語《こと》」に見える。嵯峨の法輪寺に参詣して学問の成就を願った僧が、虚空蔵菩薩の化身である美女に思いをよせ、思いを遂げようとするが、美女は学問修行と引き替えに応じようといって、結果、僧はゆゆしき学生となり、美女が菩薩の化身であることを知ったという話で、菩薩が美女に化身して僧を導き、救済するというモチーフである。ここでは『日本霊異記』とは逆に、性欲を満たすことはできないが、菩薩に導かれて学生となりえたという、いわば、禁欲し、修行に専念することを期待する僧侶像を根底においている。

ただし、結語に「虚空蔵経ヲ見奉レバ、「我レヲ憑《タノ》マム人ノ、命終ラム時ニ臨テ、病ニ被レ責《セメラ》レテ、目モ不見《ミエ》ズ耳モ不聞《キコエ》ズ成テ、仏ヲ念ジ奉ル事无《ナ》カラムニ、我レ、其ノ人ノ父母・妻子ト成テ、直《タダ》シク其ノ傍ニ居テ、念仏ヲ勧メムト」と被レ説《トカレ》タリ。然レバ、彼ノ僧ノ好ム方ニ女ト成テ、学問ヲ勧メ給ヘル也」とあって、虚空蔵菩薩を憑む者は臨終時に父母・妻子となって救済する、とあるところから、「僧の好む方」すなわち女性に変身する存在であることを暗示する。

C　普賢菩薩と性空

『古事談』第三「性空、生身ノ普賢菩薩ヲ見ル事」、『十訓抄』第三「性空上人現身の普賢菩薩を見る事」、『撰集抄』巻六第十「性空上人発心幷に遊女を拝する事」に見える。

『古事談』によると、性空（九一〇?〜一〇〇七）が生身の普賢菩薩を見んと祈請したところ神崎の長者を見るべき由の夢告を受け、長者を訪れた。長者は横座にいて鼓をとり、乱拍子の上句を弾じ、性空は奇異の思いをなして、目を閉じて合掌すると長者は普賢菩薩の貌を現し、微妙の音声をもって法を説いた。性空が目を開けると、長者は女人の顔となり、目を閉じれば普賢菩薩の形を現じて法文を説く。数箇度敬礼ののち帰ろうとすると、長者は追い来たって「口外に及ばず」と言い終わって死んだ。長者がにわかに頓滅したので遊宴の興は醒めてしまった、という。『十訓抄』はほぼ同じ内容であるが、『撰集抄』では室の遊女の長者として見え、室に行くために黒衣を白衣に着替えて、五人の僧を伴ってゆき、長者が舞い、ともに遊宴する。

性空と遊女という点に注目すると、この話はただちに遊女と性空との交接を意味するものではないが、遊女（菩薩）への秘められた結縁であり、女（菩薩の化身）による男（僧）の救済に連なるものといえる。

この三つの説話のうち、『撰集抄』の結語は「この長者、遊女として年を送りしかども、たれかこれを生身の普賢とは露おもひ侍《はべり》し。たゞなべての女とこそおもひけめ。まことの菩薩にはおはしましける事、げに〳〵かたじけなくぞ侍る」とあり、ただの遊女と思っていた女性が菩薩であったことが強調される。

ただの遊女が菩薩であるのは、この話ばかりではない。『撰集抄』巻三第三には「室の遊女遁世の事」を載せている。中納言顕基《あきもと》に思われていた遊女が尼となり、往生したというものであるが、顕基は往生伝に載る往生人であった。顕基と契った尼も「新生の菩薩」となった。今堀太逸氏は、編者は、顕基が往生人であり、往生人は菩薩と考えられていたこと、しかも遊女は顕基と縁を結んでいたことによって往生人たりえたと考えていたという[13]。性空の話と直接関係しないが、遊女の往生は新生の菩薩であるとの理解は、女が男（往生人）と交わったことで菩薩（往生人）となる一例といえる。

D　文殊菩薩と空也

源為憲（?～一〇一一）撰『空也誄《るい》』、三善為康（一〇四九～一一三九）撰『六波羅蜜寺縁起』に見える(14)。

平安京で活動していた空也（九〇三～九七二）は、神泉苑北門の外にいた病女を朝夕訪れ、病女の希望で葷腥《くんじょう》を買い求めて与えたところ、女は回復して空也に交接を求めた。空也はしばらく考えて応じようとしたところ、女は神泉苑の老狐と名乗り、「上人者真聖人也」と言って消え失せた。

『空也誄』は、

昔神泉苑北門外に一病女有り。年邁色衰ふ。上人愍念して、晨昏《しんこん》に訊ね問い、袖中に筐《はこ》を提《さ》げ、其の欲するところに随って、みずから葷腥を買い、与えて養育す。□（二月カ）病女蘇息す。□反復、言う能わざるに似たり。上人語りて曰く、何の情哉《こころや》と。婦答えて云く、生気□（撥塞カ）、羨《ねがわ》くは交接を得んと。上人食頃《しばらく》して思慮し、遂に心に許すの色有り。病女歎きて曰く、吾は是れ神泉苑の老狐なり。上人は真の聖人なりと。急ぎ見えず。臥すところの薦席忽然として又滅す。

『六波羅蜜寺縁起』では、

昔神泉苑北門外に一病女有り。年老い色衰ふ。上人愍念し、晨昏之を訊ぬ。袖底に筐を提げ、市中食を求めて、自から葷腥を買い、その情欲《こころ》に随う。養育すること二月、平復して旧の如し。此の時婦人悩乱して、言うこと能はざるに似たり。上人語りて曰く、何所の思いあるやと。婦人答えて云く、生気撥塞し、唯《ただ》交会を思うと。上人思慮し、遂に汚色有り。病女歎いて云く、吾は是れ神泉苑老狐なり、聖は是れ大道心の上人なり、此の言未だ訖らざるに、忽然として便ち見えず。臥せるところの薦席、また以って之《こ》れ無し、便ち知りぬ、文殊等の菩薩来りて上人の心行を試すなりと。

とあって、快癒した女が空也に性の交わりを求めたところまでは、ほとんど同じ文言を記しているが、『空也誄』では女との交会を明言せず、『縁起』は「遂汚色あり」とし、仏法が忌むところの葷腥と婬のタブーを犯してなお、聖とされる空也の姿を否定していない(15)。『縁起』は続けて、この老狐を文殊菩薩の化身としている点で注意される。

ところで、狐の化けた女性と男性との交わりといえば、説話集にしばしば語られている。また、女が神泉苑の老狐であったという伝承は、稲荷の狐、伊勢の狐などというように、神のつかわしめであり、吒枳尼天と習合して、天台や真言の秘法によって祀られる存在であったことは知られている。

十三世紀天台宗の学僧光宗（一二七六〜一三五〇）撰の『渓嵐拾葉集《けいらんしゅうようしゅう》』所引「吒天縁起」によれば、「示して云く、過去日月灯明仏時、南方に古吒山有り、其の山の人民一万三千七百五十八人なり、其の時大聖文殊如来の教勅を承って彼に教化を行い給う、今の吒天子孫眷族是れなり」と、文殊との関係を語る。さらに、「此の天を以て法花一体習事」では「此の天は大聖文殊の化現也」と記している(16)。狐は吒枳尼天であり、摩多羅神であり、かつ吒天法は国王が即位の際に行う即位灌頂に用いられ、それは、『未曾有経』によって「帝釈野干を礼して師と為す」、『涅槃経』によって

「天帝畜を敬って師と為す、文、又云く、狐を敬う者国王と為す」によって確認されていた。

『渓嵐拾葉集』の記す伝承がどの程度遡ることができるかは不明であるが、『六波羅蜜寺縁起』の成立した保安三年（一一二二）[17]頃には、狐は文殊であるとの説が存在し、空也と狐の化身たる女との男女の交わりは、権者と女神（文殊）との交わりを意味し、『六波羅蜜寺縁起』の空也像の変質は、十二世紀にはすでに「菩薩の化身（女性）による救済」のモチーフが定着していたことを思わせる。

以上、吉祥天・虚空蔵菩薩・普賢菩薩・文殊菩薩の化身と僧との四つの伝承の検討から、菩薩の化身たる女性による救済説が、遅くとも十二世紀にほぼ明確なかたちで存在したことを推測した。観音が女性に化身して救うというのは、すでに早くみられ、指摘されるところである。[18]十三世紀の成立とされる『長谷寺霊験記』に、聖武天皇が退位してのち、天平勝宝五年（七五三）十一月十九日の夢に観音が現れて「濁世ノ猛キ衆生ヲ和《ヤワラゲ》ル事ハ、只女人ナリ。我レ此《コノ》光ヲ和テ婦人ノ身ヲ現シテ。久シク末代ニ及テ国家ヲ護シ。衆生ヲ利《リセ》ント思フ。露顕ニ有テハ、其憚有リ。仍テ久ク往ス可《ベカ》ラス。速ニ我カ身ヲ覆隠スヘシト云」とある。中世、長谷寺の観音は、婦女の姿になって衆生を救う存在として、聖武天皇の夢告伝承のなかに登場しているのである。このような思考は、叙上の「女性は菩薩の化身」を受け継ぐものであり、所々の観音霊場で語られていたにちがいない。

そして、六角堂もまた、人々に観音の霊告を与える場であった。「女犯偈」が「玉女身となって行者と交接する」と宣言しているのは、有名無名の僧たちの、仏菩薩の化身たる女性との交わりの伝承によって、またそのことを追認するかたちで、密教の修法のなかに取り込まれた「玉女」と深くかかわっていたと思われる。

二　玉と舎利

はじめに述べたように「玉女」は慈円によれば「神璽」であり、「如意宝珠」を意味したことは、すでに多くの指摘がある。如意宝珠が釈迦の遺骨をさす言葉としての「仏舎利」から変成したものであったことは、院政期〜鎌倉期の台密・東密の学匠たちが経論に照らして述べており、先学の指摘によって周知のことであるが、一応確認・整理しておきたい。

『覚禅抄』の「宝種類事、付舎利」には、『心地観経』および『大智度論』、『悲華経』をひいて以下のように述べる。

或師云く、只仏舎利を宝珠と習い、以て彼の本と為す故と云々。心地観経に云く、釈迦の舎利、如意宝珠に変成して、宝を雨ふらし衆生を益す。大論之に同じ。悲花経に云く、舎利変じて意相瑠璃宝珠と為す。金輪際を出て阿迦尼多天に至り、種々の花を雨ふらし、諸花金銀等珍宝を作る。時に人民和悦し、闘諍飢餓無しと云々。意を取るに、大論五十九に云く、諸の過去久遠の仏舎利、法既に滅尽して、舎利此の珠に変成す。第十之に同じ。同論に云く、古仏舎利如意珠に変成し、如意珠米に変成すと云々。

つまり、東寺の仏舎利は如意宝珠であること、さらに経典に照らして、舎利は変じて如意宝珠となり、花を降らし、花は金銀等珍宝となり、あるいは米となるという。

院政期から鎌倉期に編まれた東密の『三僧記類聚』には、「大論第十に云く、如意宝珠は仏舎利より出ず、若し舎利、若し法没時、諸舎利皆変じて如意宝珠と為る」、「大論に云く古仏舎利宝珠に反成し、宝珠米に反成す、文」と、『大智度論』を引用する。[19]やや時代は降るが、『渓嵐拾葉集』第十一「舎利法事」にも舎利は如意宝珠であることを説く。

如意宝珠が王権の象徴となりえたのは、如意宝珠の所持者が世俗的権威や富の象徴であったことにも由来する。『覚禅抄』に「一期生の間、荘厳するに福貴を以てす。無遍の善事を造らしめ」、あるいは「女犯偈」が「一生の間能く荘厳して」というのは、如意宝珠の持つ富を表す。

ところで、『法苑珠林』第四十は、「舎利は、西域の梵語、此れ骨身と云う。凡夫死人の骨と濫るを恐れるが故に、梵本を存して之を舎利と名づく」、さらに、舎利には骨舎利・髪舎利・肉舎利の三種があり、骨舎利は白色、髪舎利は黒色、肉舎利は赤色であるという。[20]『阿娑縛抄』はこれを引用し、さらに『秘蔵記』をひいて「天竺米粒を呼んで舎利と為す。仏舎利亦米粒に似たり。是の故に舎利と云う」つまり、舎利は米粒のごときものであるとする。[21]また、歯も舎利と考えられ、牙舎利あるいは歯舎利と呼ぶ。舎利は分散によって数を増やし、あるいは突然に出現することも知られている。

舎利は、信仰対象であると同時にマジカルな力を持つと考えられていた。『渓嵐拾葉集』第十一

「舎利法事」に、仏舎利を頸にかけておくと十の徳があるとされ、護符として用いられていた。舎利が僧侶や天皇家・貴族の間だけでなく民間に流れて崇拝されたのは、釈迦の遺骨への信仰のみならず、呪的な力が期待されていたからであった。

本物の舎利であるかどうかを確認する手段としては、「仏舎利。摧打して砕けず、若し是れ弟子の舎利ならば、推撃して便ち破せり」、「仏の霊骨。金剛にして朽ちず。劫火に焦げず。推砧して砕けず」(『法苑珠林』)、また、「猛火に投じて焼くに蓮花に変成す」ともいう(『覚禅抄』舎利「或式」)。

さて、上記『覚禅抄』や『三僧記類聚』がひく『大智度論』『悲華経』は、親鸞が『教行信証』や和讃などに引用する経論でもある。[22] 二十年間比叡山で顕密を学び、修行した親鸞にとって、玉女は如意宝珠であり、如意宝珠は舎利であったというのは、当然知識としてもっていたであろう。そして、「女犯偈」の第三の意味「臨終に引導して極楽に生ぜしめん」は、舎利と密接な関係があると思われる。

わが国における舎利の将来は鑑真や空海によるものとされ、東寺や室生寺に伝えられた舎利が有名であり、王法護持の象徴とされていた。天皇家の舎利相伝の次第に、王家にかかわりの深い女性たちが関与していたことについても、田中貴子・細川涼一両氏のすぐれた研究がある。[23]

しかし、他方では必ずしも「王権の象徴たる舎利」に結び付かず、伝来不明としかいいようのない舎利が民間に出現している。たとえば、長元年中(一〇二八〜三七)に奈良薬師寺の東門辺に尼がおり、小角豆一合をもってつないで阿弥陀の宝号をとなえると豆数粒が変じて舎利になり(『七大寺巡礼私記』)、加賀国の翁和尚は、後世菩提のため永年法華経を読誦していたが、歯が欠け落ちて経の上にあるのを見れば仏舎利一粒であったので、礼拝していたが、のちにまた口の中から落ち出て両三粒の仏舎利を得た(『法華験記』下巻一〇九)。尾張国賢林寺の住侶戒深は、五十余年寺門を出ず、日々夜々法華経を読誦し、多年舎利を求めていたところ、読経のとき庭上に珠のごとき舎利が出現し、投水して沈まず鎚を打って壊れなかったので舎利であると確認し、仏像に安んじて供養恭敬し往生を遂げた(『本朝新修往生伝』一)など、十一世紀後半以後の説話集に数多く見出すことができる。

さて、舎利崇拝が浄土往生とかかわっていることについては、『覚禅抄』「舎利法」に収められる覚禅自身の表白に、

然りと雖も金剛仏子、猶三界之苦果を怖る。之に依って遂に眼前名利の思を抛ち、偏えに身後菩提の計を求め、散乱を簡《えら》ばず、念仏三昧の行を企て、微少を顧みず、舎利供養の志を運ぶ。然る間不慮の外数粒を伝得す。皆是れ東寺招提の舎利なり。(中略)先師権僧正尊霊、予の舎利に懇誠を尽くすを見て、永く貴重の二粒を奉請す。最後の芳言耳に留まりて未だ忘れず、菩提の妙果を心に懸けて祈らんと欲す。且は先師尊霊内院の荘厳を制さんが為、且は半(羊カ)僧臨終の正念の為、毎日不闕の勤として、一座五門の讃歎を述ぶ。仰ぎ願わくば釈迦如来遺身舎利、極楽国土弥陀善逝、微少の供養を納受して、広大の善根を成就せんことを。

とあって、覚禅は東寺の舎利を得たことにより、浄土願生者になったというのである。中野玄三氏

によれば、覚禅の念仏信仰は、『覚禅抄』「宝珠又説」奥書に、文治四年（一一八八）四月十五日に念仏門に入ったというのが初見で、これと表白の文はほぼ一致しているという[24]。覚禅はまた、「舎利法」に、『仏形像経』『悲華経』『菩薩処胎経』を引用して、舎利塔を造立・修造・供養するもの、舎利に祈るものは趣楽浄土に往生すると説いている。『渓嵐拾葉集』第十一「舎利法事」に、舎利と阿弥陀が一体であることを記した『舎利宝篋弥陀抄』一巻があったと伝え、舎利と阿弥陀信仰が習合していたことがわかる。

さらに説話集には、往生人の遺骨が舎利に変成し、そのことが往生の確認と考えられていたことが注目される。

たとえば、『法華験記』上巻第十五に、薩摩国の持経の沙門某は焼身往生を企てたが、誓願を立てて「我千部の経に依りて、当に極楽世界に生るべし。焼身の跡において奇しきことあるべし。云云」といって焼身を遂げた。その後、弟子同行が墳墓の前で、日々念仏し大乗経典を転読していたが、両三日をへて墓所を見ると、仏舎利があった。不思議に思って、舎利を拾うと、一升以上の量があり、普く一切に施して供養した、とある。遺骨が舎利に変じるという奇蹟が起こったのである。また、多武峰安養房の経暹は寛治七年（一〇九三）三月二十日に往生したが、それより以前の三月十五日、和州奏興寺住僧義命の夢に「経暹上人、身に法服を着て、手に香炉を擎げ、衆人に告げて曰く、生滅限あり。死の時已に至りぬといふ。種々の慰喩、言説已に畢りぬ。その後忽ちに泮叱の音を出して、変じて水精の珠（長さ五寸ばかり）と成る。即ち門人の曰はく。この珠の名は舎利なり。地蔵菩薩の身中に納め奉るべし、云々といふ」(『拾遺往生伝』上巻二十)とあって、水精の珠(舎利)の出現は経暹往生の予告であった。

同様の話は、後代にも語られた。安貞年間(一二二七〜二九)の頃、河内国に蓮花王という百姓の子がいたが、七歳のとき自分が死んだら七日たって開けよ、と傍らの人に言って死んだ。その後、人の夢に必ず開けよという告げがあり、開けてみると舎利になっていたので、人々に拝ませた、という話である(『今物語』)。

舎利出現は、現世における富や栄誉を約束するだけでなく、往生への道を開くもの、往生の予告であるのみならず、死後の往生の確認であり、骨が舎利に変成することによって、彼は仏菩薩と等しい存在となる。院政期における舎利出現譚は、こうした舎利への期待感から語られたものといえよう。

ところで、三重県津市の専修寺に親鸞の遺骨がある。遺骨は古代錦の袋に入っており、骨とともに卵黄色の玉一粒があり、その包み紙の上に専修寺三世顕智(一二二六〜一三一〇)の自筆で「鸞聖人御骨、顕智ノ御マホリ」とあって、顕智が肌身離さず持っていたことが知られる。(25) 卵黄色の玉が舎利をさすことは、先に述べた『阿娑縛抄』『覚禅抄』からも肯首されるだろう。親鸞の遺骨が舎利に変じたという伝承はないが、おそらく、遺骨=舎利として信仰対象にされ、人々に拝させていたものであろう。

高田専修寺の親鸞遺骨(舎利)は、たんに顕智の「お守り」であったわけではない。顕智こそ親鸞の教えを正しく受け継いだ存在であるとの、自らの正当性を主張する証拠の品であった。それは、「仏舎利相承次第」が王権とのかかわりを主張するものであったのと同質である。

　親鸞の死後、遺骨は覚信尼の管理する大谷廟堂に安置され、信仰対象として人々に拝された。その後、覚信尼と禅念の子唯善が相承の権利を主張し、親鸞の遺骨と影像を持ち出して鎌倉の常葉（常盤）に安置し、田舎人が群集して拝したとあり（『存覚一期記』）、さらに善如は親鸞の遺骨を砕いて漆に混ぜて塗ったとも、胎内に納めたともいう伝承をもつ生身御影とか骨肉御影と称する像もある。[26] 親鸞の遺骨＝舎利と、親鸞の血筋が、真宗教団の相承の原理となり、遺骨のあるところが信仰（教団）の中心であったことを物語るものといえよう。

　親鸞自身が舎利にどのような思いをもっていたかは明らかではなく、彼の著作にもなんらふれるところはない。ただ、伝親鸞作と伝える『聖徳太子講式』に四天王寺について「一輪露盤三粒仏骨衆生の福田為《た》り、遺法の寿命為《た》り」、法隆寺について「遺身舎利梵網首題渇仰眼感涙在りて襟を湿す」、磯長太子廟は「七仏霊地余に勝れ全身遺留他に超えたり」と述べて、磯長太子廟こそ太子の全身遺骨があるために最重要の霊地としている。この講式は存覚作との伝承があるが、宮崎円遵氏によれば、天王寺関係者によって作られたものと推定され、親鸞がこれを知っている可能性もあり、かなり早い時期に本願寺で用いられた可能性も指摘されている。[27] 親鸞自身は舎利信仰にふれてはいないが、彼の聖徳太子に対する思いのなかに、太子の舎利への深い関心があったことは否定できないし、それが舎利崇拝に結びつく可能性があるように思われる。

舎利は、往生の予告であり、往生のあかしであった。しかも、舎利は変成して如意宝珠となり、現世の富をもたらした。「女犯偈」の「玉女」は、直接には如意宝珠でも舎利でもない。だが、「玉女」が両者を内在するものであることについては、以上述べたとおりであり、「玉女」には現世の富と後世の往生の意味がこめられ、「女犯偈」にも反映されていると考えてよいのではなかろうか。

三　女人成仏説と「女犯偈」

近年、女性と仏教にかかわる論点のうち、女人成仏（女人往生）説に関していえば、平雅行・細川涼一氏らにより、笠原一男氏に代表される鎌倉新仏教を到達点としてみる女人往生論を否定し、鎌倉新仏教の女人往生説よりも、むしろ平安仏教の学侶および鎌倉時代の律宗や華厳の僧侶たちによって説かれた女人成仏説が評価されるようになった(28)。女人成仏（女人往生）論は、新しい段階に達したといえる。

平氏は笠原一男氏の「往生伝から往生論へ」の転換の主張に対して、「女人成仏・女人往生思想を法然・親鸞・日蓮らのいわゆる鎌倉新仏教の開祖たちの思想で代表させているが、数ある文献の中で、なぜ彼らのものを殊更に取り上げるのか」と提起し、こうした取り上げ方のなかに、「浄土教中心史観・新仏教中心史観がもたらす実証のゆがみが典型的に表れているように思う」と批判され、法然の主張には女人往生について、ほとんど積極的な発言をしていず、「彼の女人往生論は古代以来の変成男子説に基づいていることからすれば、法然がわずかに語った女人往生論も新思想というよりは旧仏教の残滓であり、法然の思想の基調は、女人往生をとりたてて語らなかった事にあるといってよかろう。同じことは親鸞についても言える」と断定され、変成男子説の克服を道元・日蓮に求めようとされた(29)。以後の女性史、女性と仏教の諸研究、あるいは仏教学の論考のなかで、平氏の所論をもとに展開している研究が大きな比重をしめていることは周知である。

平氏の指摘を待つまでもなく、平安時代の仏教は転女成男にもとづく成仏説が主流であった。また、法然・親鸞にしても、おなじく転女成男を説いた。経典が述べる女人成仏（女人往生）説は、転女成男によってのみ成仏が可能であると述べる。女人成仏（女人往生）を説く法華経、転女成仏経、浄土経典などのいずれも、インドをへて中国、日本に至る間に増幅された女性差別思想を内在している。

平安浄土教における転女成男の論理は、「成仏」ではなく「往生」を前提にする。女性は現世には成仏できない。女性は死後の往生によって、転女成男し、そのうえで成仏する。あるいは、臨終に臨んで剃髪し尼となることによって男子に変成し成仏に備える(30)。つまり、死後の世界で成仏を約束されるのである。

すでに旧稿で述べたが、五障三従の身である女性たちは、生前は女人禁制の山や、聖域たる堂内の内陣に入ることを許されず、死後、納骨という方法で結界内に入ることができた。聖域に安置された遺骨は浄不浄の観念の外におかれ、仏と同様に礼拝の対象とされる。女人成仏説は、こうした現実、つまり葬送儀礼と対応するものでもあったのであり、法華経、転女成仏経、浄土経典などの経論を典拠に構築されたものであった。(31) また、先にも述べたように、仏舎利と遺骸の舎利変成は、男女を問わず往生のあかしとして崇拝されたが、これもまた、女性の場合は転女成男の現れと理解できる。

それでは、親鸞は女性についてどのように考え、どのように説いたのであろうか。親鸞がいう女人成仏（女人往生）および女性にかかわる文言はさほど多くはない。主なものを挙げると、

①「女犯偈」

②『浄土和讃』「大経意」

弥陀の大悲ふかければ、仏智の不思議あらはして、変成男子の願をたて、女人成仏ちかひたり。

③『高僧和讃』「善導大師」

弥陀の名願によらざれば、百千万劫すぐれども、いつゝのさはりはなれねば、女身をいかでか転ずべき。

④『教行信証』大行釈引文、『悲華経』諸菩薩本授記品

其の中の衆生等一に化生す、亦女人及び其の名字なし。

⑤『入出二門偈頌』

女人根欠二乗の種、安楽浄刹には永く生せず。

などである。[32]

①は以上述べたところであり、②「大経意」は『無量寿経』、③は善導の和讃化である。したがって、親鸞は『無量寿経』三十五願をそのまま、善導の所論をこのように理解していたことを示す。つまり、これらは、親鸞以前の浄土教家たちが理解していたとおり、親鸞もまた同様の理解をもっていたといえ、明らかに旧仏教の残滓といってよかろう。しかもなお、一般の人々に語りかけるにふさわしい〈和讃〉形式で記されていることに注意しておきたい。

④の「亦无女人及其名字」、⑤の「女人根欠二乗種」は、曇鸞が『往生論註』に、「荘厳大義門功徳成就とは、偈に大乗《だいじょう》善根界等《ぜんごんかいとう》無《む》譏《き》嫌名《げんみょう》女人《にょにん》及《ぎゅう》根欠二《こんけつに》乗種不生《じょうしゅふしょう》と言えるが故にと。浄土の果報は、二種の譏嫌を離れたり。まさに知るべし。一には体、二には名なり。体に三種あり。一には二乗人、二には女人、三には諸根不具人なり」と註しており、[33]平安浄土教でもしばしば取り上げている文言である。[34]親鸞が曇鸞の文言をそのまま引用しているにすぎないとも考えられるが、もし、親鸞に女性に対する意識が存在したなら、かかる文言を引用しないであろうし、[35]後世の真宗教団が、五障三従や変成男子・転女成仏説を説かなかったはずである。

①と②〜⑤は、一見して親鸞の二面性を示す文言のように理解される。つまり、②〜⑤における三十五願による女人成仏（女人往生）を額面どおりに受けとるならば、五障三従・転女成男の論理は当然存在していた。とすると、平安浄土教が女人成仏（女人往生）の決め手とした臨終出家あるいは納骨による転女成男という具体的な方法を、親鸞がまったく無視してはいなかったはずである。

①は別の意識、すなわち、女性（菩薩の化身）が男性たる僧を救済し、かつ浄土に導くという思想である。親鸞のもつ二つの顔は、いったいどのような意味をもっているのだろうか。この問題を解く鍵が「女犯偈」にあることはいうまでもない。

先にわたくしは、「女犯偈」の内容は、如意輪観音が①玉女身となって行者と交接する、②一生能荘厳、③臨終引導の三つからなっていること、玉女たる女性に菩薩を見、臨終往生を期待させる要素＝舎利崇拝が内在することを指摘しておいた。これが、親鸞のもつ二つの顔であったのではなかろうか。つまり、現世における性生活の肯定と、死後の成仏は、「女犯偈」において矛盾しない。

親鸞は「女犯偈」において女性の性をあからさまに肯定した。しかし、後年の和讃では『無量寿経』三十五願を表面に出しており、(36)「女犯偈」に関してはふれようとしなかった。もし、「女犯偈」を親鸞の出発点とするなら、親鸞の到達点ともいうべき著作では、むしろ残されたままであったと思われる。

四　「女犯偈」の周辺——むすびにかえて

親鸞が聖徳太子の示現、すなわち「女犯偈」を蒙ったのは、はじめにもふれたように、比叡山を下って京の六角堂に百日参籠した九十五日目のことであったという。「恵信尼書状」第三通は、

やまをいてゝ、六かくたうに百日こもらせ給て、こせをいのらせ給けるに九十五日のあか月、

しやうとくたいしのもんをむすひてしけんにあつからせ給てけれハ、やかてそのあか月いてさせ給て、こせのたすからんするえんにあいまいらせ□《(ん)》とたつねまいらせてほうねん上人にあいまいらせて、又六かくたうに百日こもらせ給てけるやうに、又百か日ふるにもてるにもいかなるたい事にもまいりてありしに、たゝこせの事ハ、よき人にもあしきにも、おなしやうにしやうしいつへきみちをハ、たゝ一すちにおほせられしを、

とそのいきさつを書いている。この書状は、弘長三年（一二六三）二月十日、覚信尼からの「こその十二月一日の御ふミ」で親鸞の死を聞いて、「往生人」であるとの思いをこめて書き送ったものである。親鸞がどのような死を遂げたのかはわからないが、「されハ御りんすハいかにもわたらせ給へ、うたかひ思まいらせぬうへ」とあって、あるいは、都の人々が「親鸞往生」に疑問をもっていたのではないかと思われるふしがあり、恵信尼は親鸞が往生人であることを確証しようとして、六角堂参籠、武蔵国境郷で恵信尼が見た夢のなかで親鸞が観音の化身であると確信した話（第三通）、寛喜三年（一二三一）四月十四日に親鸞が高熱でうなされながら、無量寿経を読もうとした話（第五通）を続けて書き送ったものである。しかも、六角堂参籠と無量寿経読誦の話は、文体も他の部分と違い、流麗で口語りの一節を聞くような感があり、親鸞が妻の恵信尼や門弟ら身辺の人々に繰り返し語っていたことを思わせる。[37] また、夢告を書き与えたり書写させていた事実もある。とすると、恵信尼書状が語る六角堂参籠が、すべて正確な事実というよりも、〈語られていた話〉であったとみたほうがよい。

いずれにせよ、恵信尼書状によれば、親鸞は「後世の事」を祈るために参籠し、示現をえて「後世の助からんずる縁」をたずねて法然のもとに赴き、百日の間照る日も雨の日も法然のもとに通ったという。おそらく、六角堂参籠以前に法然のもとに赴くことを決意していたとしても、直接には夢告をえたことが、法然門下への出発点であった。

女性と交わることによって現世と後世が約束されるという『覚禅抄』と「女犯偈」の間に密接な関係があることは、その文言から当然考えられる。かかる思考は、比叡山の周辺で活動する妻帯の僧侶たちのよりどころになっていたにちがいないし、親鸞もまた知っていたにちがいない。そして、六角堂参籠の段階での親鸞は、まだ顕密行者の域を脱しない。

ただ、ここで注意しなければならないのは、遠藤一氏の指摘にもあるように(38)、偈の後に「此の文は吾誓願なり、一切の群生に説き聞かすべしと告命したまえり、この告命によって、数千万有情に説き聞かしむと覚えて夢さめおわんぬ」とあって、偈は観音の誓願であり、一切群生にこの偈を説くように、と親鸞に指示していることである。「一切群生」「数千万有情」の語は、不特定多数の民衆をさしていると考えられるから、この偈は親鸞のみに秘せられるものでなく、親鸞がひろめる義務を負っていることを示している。しかもこの義務は、民衆レベルの男女に対して、ということであって、必ずしも僧・僧団社会に限定されるものでないことを確認しておく必要がある。「此の文」以下は、僧から俗へのひろまりを意識したというべきであろう。

このような〈性〉をあからさまに肯定した偈を、民衆レベルにどのように説いたかは問題である。

遠藤氏は現存する「女犯偈」および「女犯偈」が伝播したことを示す初期真宗の史料は、真仏書写の二本のほか、「恵信尼書状」「親鸞聖人御因縁」「御伝鈔」「熊皮御影」賛銘であり、これを多いとするか少ないとみるかについては態度を保留している。だが、妻や門弟たちに語っていたとすれば、文字による伝播以上に、想像以上に深く浸透していたことが予想される。

「菩薩の化身」から始まって、「女犯偈」まで、僧の女性とのかかわりを容認する思考は、「玉女」による救済、成仏説として、僧団内部から民間へと流れた。それは、院政期の僧団から発したさまざまな性にかかわる修法の盛行と、直接関係はないにしても同質の性格をもっているというべきであろう。親鸞が顕密仏教の僧と区別されるのは、世間にひろめる義務を負わなければならなかったことである。

鎮西流の祖弁長（聖光房、一一六二〜一二三八）撰の『念仏名義抄』に一念義を非難して、

此義を申す様は、念仏には只一念を云事いみじく貴き也。其故は念と云ふ文字は、人二たりが心とよむ也。一と云ふ文字をばひとつとよむ也。されば一念と云ふは、人二たりが心を一つにするとよむ也。されば男女寄合て、我も人も二人が心よからん時に、一度に只一声南無阿弥陀仏と申すを一念義と申す也。されば寡にて一人あらんづる人は、此一念の行は有るまじければ、往生はすまじきとて、一人ある人々が二人に成合へり。此真に浅猿々々。

といっている。(39) この非難は親鸞をさすものであったわけではないが、親鸞もまた一念義とみられていた。(40)「女犯偈」は同類になる危険性を十分もっているからである。一念義に限らず、女性を菩薩

の化身とみた顕密の行者たち、山や寺院の周辺で活動する宗教者たちのなかにも同類は多かったと思われる。弁長の非難は、おそらく彼らをも含めていたであろう。弁長の非難した一念義は、僧尼に限らず、在俗男女をも包摂する成仏説であった。「女犯偈」もまた同様に理解すべきでないかと思われる。

註

（1）平松令三「高田宝庫新発見資料による試論」（『高田学報』第四六輯、一九五九年、のち『親鸞真蹟の研究』、法藏館、一九八八年に収録）。

（2）『恵信尼書状』影印本、付解説（法藏館、一九七七年）、『墨美』二三七号（墨美社、一九七四年）写真版と解説。以下の恵信尼書状は『墨美』による。

（3）名畑崇「親鸞聖人の六角夢想の偈について」（『真宗研究』第八輯、一九六三年）。

（4）『大正新修大蔵経』図像部、『大日本仏教全書』所収。

（5）「高野山本奥書云、写本云、建久九年正月二日午剋書之」とある。

（6）赤松俊秀「慈鎮和尚夢想記について」（『鎌倉仏教の研究』、平楽寺書店、一九五七年）。

（7）山本ひろ子「幼主と「玉女」――中世王権の暗闇から――」（『月刊百科』三一三号、平凡社、一九八八年）、「異類と双身――中世王権をめぐるメタファー――」（『現代哲学の冒険・エロス』、岩波書店、一九九〇年）。

（8）田中貴子「〈玉女〉の成立と限界」（大隅和雄・西口順子編　シリーズ女性と仏教4『巫と女神』、平凡社、一九八九年）。

（9）遠藤一「中世仏教における〈性〉――興福寺奏状「剰破戒為宗」を手掛かりとして――」（『歴史評論』一九九二年十二月号）、同「坊守以前のこと――夫と妻、真宗史における女性の属性――」（シリーズ女性と仏教3『信心と供養』、平凡社、一九八九年）など。

(10) 本郷真紹「「国家仏教」と「宮廷仏教」――宮廷女性の役割――」（シリーズ女性と仏教3『信心と供養』、平凡社、一九八九年）二二一～二二二頁。
(11) 拙著『女の力――古代の女性と仏教――』（平凡社、一九八七年）第四章「僧の「家」」。
(12) 註(8)田中前掲論文、一三三頁。
(13) 今堀太逸「法然の絵巻と遊女」（『鷹陵史学』一一・一二号、一九八六年、のち『神祇信仰の展開と仏教』、吉川弘文館、一九九〇年に再録）。
(14) 『空也誄』（大日本史料第一編之十四所引、真福寺本）、『六波羅蜜寺縁起』（宮内庁書陵部蔵『伏見宮家旧蔵九条家旧蔵諸寺縁起集』、図書寮叢刊、一九七〇年）。
(15) 空也と病女の交接については、上田さち子氏が拙著『女の力――古代の女性と仏教――』書評（『ヒストリア』一一九号、一九八八年）で指摘された。なお、空也の晩年の伝承も女性とかかわっており、前大和介従五位上伴朝臣典職前妻の老尼は、「与上人有情好、迭称善友、頃□（日カ）上人衲衣一領、令尼縫之、上人欲滅之朝、尼売此衣、命奴婢曰、吾師今日可終、咄汝速授」（『空也誄』、縁起・『日本往生極楽記』も同じ）と見える。
(16) 『渓嵐拾葉集』巻第三十九、（『大正新修大蔵経』七十六巻、続諸宗部）「吒枳尼天法秘決」、吒枳尼天法に関する最近の研究としては、とりあえず阿部泰郎「宝珠と王権」（岩波講座『東洋思想』日本思想二、岩波書店、一九八九年）、田中貴子「外法と愛法の中世――吒天行者の肖像――」（『日本文学』一九九一年六月号）、山本ひろ子「異類と双身――中世王権をめぐるメタファー――」（『現代哲学の冒険・エロス』、岩波書店、一九九〇年）、「摩多羅神の姿態変換――修行・芸能・秘儀――」（大系日本歴史と芸能3『西方の春』、平凡社、一九九一年）などを挙げておく。
(17) 『六波羅蜜寺縁起』は三善為康撰、奥書に「于時保安三年壬寅三月十八日丁丑、是日寺中有法花講、門下有勧学会、愚結縁之次、慨然絶筆矣」とある。
(18) 『日本霊異記』中巻三十四、四十二など。以後平安・鎌倉時代の説話集や寺院縁起に数多く見られる。観音が婦女に化身することの意義については、勝浦令子「古代における母性と仏教」（『季刊日本思想史』二二号、ぺりかん社、一九八四年）参照。
(19) 内閣文庫本『三僧記類聚』一「仏舎利如意宝珠一躰事」、同四「如意珠事」。
(20) 『法苑珠林』「舎利篇」（『大正新修大蔵経』五十四巻）。
(21) 『阿娑縛抄』第六十八「舎利」（『大正新修大蔵経』図像部第九巻）。
(22) たとえば、悲華経は『教行信証』行巻大行釈引文（『真宗聖教全書』二、宗祖部、八・二六頁）、化身土巻（本）要文釈引文（同一四四頁）、『浄土三部経往生文類』略本（同五四五頁）、同広本（同五五五頁）、『大智度論』は信巻（末）真仏弟子釈（同七六頁）化身土巻（本）真門釈（同一六六頁）、『高僧和讃』龍樹菩薩（同五〇一～五〇二頁）など。
(23) 田中貴子「仏舎利相承系譜と女性――胡宮神社『仏舎利相承次第』と来迎寺『牙舎利分布八粒』を中心に――」（研究会・日本の女性と仏教『会報』4、一九八七年）、細川涼一「王権と尼寺――中世女性と舎利信仰――」（『列島の文化史』5、日本エディタースクール出版部、一九八八年、のち、『女の中世』日本エディタースクール出版部、一九八九年に再録）。
(24) 中野玄三「覚禅の念仏信仰」（『仏教史学』一〇―一、一九六二年、のち『日本仏教絵画研究』、法藏館、一九八二年に再録）参照。
(25) 平松令三編『高田本山の法義と歴史』（同朋舎出版、一九九一年）八六頁写真。
(26) 井上鋭夫『本願寺』（至文堂、一九六六年）五三頁。
(27) 石田茂作編『聖徳太子全集』第四巻（臨川書店、一九八八年復刻）、宮崎円遵「伝親鸞作聖徳太子講式について――初期真宗における太子尊崇の一意義――」（『宮崎円遵著作集』第七巻、思文閣、一九九〇年）。
(28) 平雅行「女性と光明真言」（研究会・日本の女性と仏教『会報』5、一九八八年）、同「旧仏教と女性」（関西大学津田秀夫先生古稀記念会『封建社会と古代』、同朋舎、一九八九年、のち『日本中世の社会と仏教』、塙書房、一九九二年に再録）、同「中世仏教と女性」（女性史総合研究会『日本女性生活史』第2巻　中世、東京大学出版会、一九九〇年）。細川涼一『中世律宗寺院と民衆』（吉川弘文館、一九八七年）第四章「鎌倉時代の

尼と尼寺」、同「西琳寺惣持と尼——中世律宗と「女人救済」——」（シリーズ女性と仏教2『救いと教え』、平凡社、一九八九年）など。
(29) 平雅行註(28)前掲論文「旧仏教と女性」七〜八頁、同「中世仏教と女性」九九〜一〇四頁。
(30) 勝浦令子「尼削ぎ攷」（シリーズ女性と仏教1『尼と尼寺』、平凡社、一九八九年）。
(31) 拙著『女の力——古代の女性と仏教——』第二章「骨のゆくえ」。
(32) ②『真宗聖教全書』二、四九三頁、③同五〇八頁、④同二六頁、⑤同四八〇頁。
(33) 『真宗聖教全書』一、三二五頁。
(34) たとえば、禅瑜『阿弥陀新十疑』（佐藤哲英『比叡浄土教の研究』）に「第四疑に云く、古十疑に、浄土論の女人及び根欠二乗種不生の文を決して云く、但、彼の国に女人及び盲聾瘖瘂有ること無きことを論ずるは、全く経の心を識らず。韋（提）希及び五百侍女悉く往生することを得。悉く彼の国に生ずれば女身を受けず。また根欠二乗の身を受けずと云々」、また、『浄土厳飾抄』三十九「安養世界女人生乎」の項に、「疑って云く、女人は是れ百悪五障の罪人なり。何ぞ浄を発する無垢の浄刹に生ずることを得るや。之に依って往生論に云く、女人及び根欠二乗種生ぜざるや。文。答う、観経に仏韋提希の為に、諸浄土を現じ、また天人願楽して極楽世界に生ず。即ち五百侍女とともに往生を得。文に云く、少（小）阿弥陀経には、若し善男子善女人あれば、応に発願して彼の国土に生ずべしと。文。法花経には、所説修行女人生極楽と云々。大阿弥陀経には、女人往生即ち化して男子と成ると宣べたり。此等の経・菩薩・家師の所釈に依って、此のごとく答うなり。但し疑難に至りては、十悪五逆の人臨終十念の力、彼の国に生ずるを得るなり。況んやまた女人と雖も、宿善開発すれば、何ぞ安養界に生ぜざらんや」などとあって、「女人根欠」の問題が議論されていたことがわかる。
(35) 尾畑文正「真宗と性差別」（日本仏教学会『仏教と女性』、平楽寺書店、一九九一年）。
(36) 『浄土和讃』と『高僧和讃』は、専修寺蔵真仏書写本によって親鸞七十六歳の宝治二年（一二四八）一月に一応完成し、大勢至和讃八首を加えたものとされている（『高田本山の法義と歴史』〈同朋舎出版、一九九一年〉四六頁写真、平松令三氏解説）。

(37) 拙稿「「恵信尼書状」私論」(『史窓』四八号、京都女子大学、一九九一年、本書収載)参照。
(38) 遠藤一註(9)前掲論文。
(39) 『念仏名義抄』巻中(『浄土宗全書』十、『国文東方仏教叢書』第二輯第三巻、講説部)。千葉乗隆氏のご教示による。
(40) 松野純孝氏によれば、一念義の造罪の行業とは「狩猟や袈裟をかけていて魚鳥を食うこと、恋愛、結婚および黒衣を着ていて魚や韮を持つことなどであった。こうした造罪事は当時の在家生活では、それほど奇異なことではなかったはずである」と指摘し、さらに「妻帯・破戒の在家主義をもとなえていた親鸞は、ここでも一念義と共通した一面をもっている」とされる(『親鸞――その生涯と思想の展開過程――』、三省堂、一九五九年、第三章第三節「親鸞と一念義」、一五二頁)。

「恵信尼書状」について

はじめに

女性は常に被救済者として位置づけられてきた。平安期南都北嶺の僧侶たちは、女性は罪深く、五障三従の身であり、仏道修行の妨げとなるから排除しなくてはいけない、という論法に対して、経論の文言から女性救済説（転女成仏・変成男子説）を拾いだして女人救済を説く。また、中世仏教諸宗派の祖師たちにしても、その多くは平安期の僧侶たちがいう女人成仏・女人往生説と等しい語り口で女性救済を説いている。

近年、古代・中世の女性と仏教研究の進展は著しいものがあり、新知見が続出している。中世仏教の祖師たちが説いた女人救済思想についても、再点検されつつある。(1)

中世における女人救済思想について従来と異なった角度から切り開いたのは、顕密仏教および顕密仏教改革派の女人救済説の検討、たとえば、細川涼一氏による律宗の尼寺および尼衆の研究、(2)平雅行氏の鎌倉仏教の女人成仏・女人往生説の再検討であろう。(3)細川氏は尼を家を構えない単独生活者としてとらえられる一方、実体的には、尼衆は僧衆と対等な自立した関係を結ぶ社会成層上の存在ではなく、家とは別のかたちで女性を閉じ込める場であり、その宗教活動も僧侶を師主と仰いで近親者の追善仏事を行い、変成男子・転女成仏を願うもので自己実現のためとはいいがたく、自らを劣った性として位置づけられたなかに置いていたという。

平氏は、笠原一男氏が著された『女人往生思想の系譜』に示される法然・親鸞を中世女人往生論の代表者として取り上げて説明する女人成仏・女人往生研究が新仏教中心史観であったことを厳しく指摘したうえで、法然・親鸞ら浄土教系諸宗派の祖師たちも転女成仏・変成男子説に立っているが、法然の『無量寿経釈』三十五願の解釈は、これ以前の浄土教思想家たちも繰り返し語ってきたことであり、この点での法然の独自性は認めがたい。また法然・親鸞は女人往生についてほとんど積極的な発言をしていず、ことさら女人救済を説かず、むしろ鎌倉仏教の女人救済説は旧仏教（顕密仏教）によってすでに完成されており、中世後期における女人正機の登場を別にすれば、法然および以降の浄土教家の発言に教理的発展は認められないという。

こうした研究動向は、中世仏教と女性の研究の進展のために大きな役割を果たしている。しかし、女人救済研究の先行に比して、中世女性と仏教についてはいまだに少ない。とくに、女性が仏教（仏・経・僧・寺院）をどう考えていたか、どの程度の知識をもち、どんな信心をもっていたか、その現実はほとんどわかっていないといってよい。女性の願文や寄進状などには転女成仏の祈りの文言が記されてはいるが、表面上はともかく、普通の女性がはたして僧侶たちが説くように変成男子を願っていたかどうかはよくわからないのである。

女性の信心を考える材料は、高僧や祖師たちが女性について述べる数少ない文言よりももっと少ないから、困難ではあるが、この作業を抜きにすれば、宗教者たちの文言と現実との乖離はより深くなってしまうであろう。

さて、親鸞の妻恵信尼が娘の覚信尼に書き送った書状が残されていることは、あまりにも有名であり、恵信尼書状が真宗史研究に重要な位置を占めていることは周知のことである。(4) 恵信尼書状についていては、すでに先学によって数多くの研究がなされており、恵信尼を対象とする研究や啓蒙書も著されているが、従来の研究の多くは、親鸞の行実や思想を明らかにするための作業が中心であったり、宗祖の妻として、その役割を顕彰するものであって、いわば、真宗教団において、坊守の役割や女性信者の信心の模範としての恵信尼像であったともいえる。

歴史的にみれば、親鸞の妻たる恵信尼の書状が本願寺にまとまって残存し、親鸞の血筋を受け継ぐ子孫によって代々伝えられてきたこと、しかもその内容は、一見して知られるように、(5) 宗派史料として独自な内容をもつのは当然のことながら、すでに宮崎円遵氏も指摘されるように、中世の女性一般の生活や信心を知るうえでも、すぐれて重要であるといえるだろう。小論では、中世女性と仏教を考える手がかりとして、恵信尼書状をわたくしなりに読み直す作業を試みてみたい。

一　恵信尼書状の漢字

まず、恵信尼書状の最末尾にある音読『無量寿経』の考察からすすめたい。恵信尼が中世の地方在住の女性としては、知識人に属していたことはたしかである。しかし、どちらかといえば漢文の素養があったとは思われない。そのことは、中世の女性全般にいえることであって、漢文の知識はごく一部の貴族男子、僧侶に限られていたから、いわばあたり前のことかもしれないが、恵信尼書状を読むときに確認しておかねばならないと思われる。

『無量寿経』は音読のまま仮名書きで、ところどころ漢字を交えている。使用漢字を整理すると**表1**のとおりである。漢数字を用いて漢字に当てる例は、耳を二、珊瑚《さんご》を三五、紫・此・枝・至・膝・之を四、瑚と其《ご》を五と記している。瑚は珊瑚のみであるが、其は「其本→五本、其上→五上、其声→五しやう、其聞→五もん、其色→五しき、其音→五おん、其香→五かう、其味→五ミ、其光→五光、其池→五ち、其国→五こく」としている（A）。同音漢字を当てる場合（B）、使用漢字は限定されており、成・声・浄・詳・静を上、深・甚を神、忍を人、生・勝・諸を少、珠・旬を衆、白を日、茎を京、清を正、第を大、転を天、形を行、如を女、頸を郷、広を光とする。衆・神は正しく用いる部分もあり、仏・光・一切・月光・人天はそのまま使用されている（C）。

恵信尼書状はもともと仮名書きであり、使用漢字がごく少ないのは当然のことであるが、一応ひ

表1 音読『無量寿経』使用漢字

A 漢数字を他の漢字に当てた例

変換	具体例
二＝耳	耳根→二こん
三＝珊	珊瑚→三五
四＝紫	紫金→四こん
四＝此	此諸→四しょ 此皆→四かい
四＝枝	枝葉→四よう
四＝至	至成→四上 至膝→四四う 即至→そく四 至腰→四よう 至頸→四郷
四＝膝	至膝→四四う 于膝→う四
四＝之	之道→四たう
五＝其	其→五
五＝瑚	珊瑚→三五

B 同音漢字を当てた例

変換	具体例
上＝成	合成→か上 化成→け上
上＝声	音声→音上
上＝詳	安詳→あん上
上＝静	寂静→ちやく上
上＝浄	浄若→上にやく
神＝深	得深→とく神 甚深→神神 広深→光神 無深→む神
神＝甚	甚深→神神
人＝忍	法忍→ほう人 響忍→かう人 順忍→しゅん人 忍声→人しやう
少＝生	無生→む少
少＝勝	相勝→さう少
少＝諸	諸七宝樹→少七ほうしゅ
衆＝珠	真珠→しん衆
衆＝旬	由旬→ゆ衆
日＝白	白銀→日やくこん （「白こん」と併用）
京＝茎	為茎→い京
正＝清	清徹→正てつ
大＝第	第六→大六
天＝転	展転→夫天
行＝形	無形→む行
女＝如	如是→女せ
郷＝頸	至頸→四郷
光＝広	広深→光神

C 正しい字を当てている例

変換	具体例
―	仏
―	光
―	一切
―	月光
―	人天
―	之中→し中
―	為本→い本
―	自然→自ねん
―	身触→身そく
―	衆宝→衆ほう
―	神通→神つ
―	開神→かい神

ろってみると、「給・申・又・也・人・下人・已上・合・子・御・心・大小・殿・同・中・月・日・上人・事・井・御房・思・正月・女・大事・御身・火・一時・念仏・信・四郎・仏・上下・一定・三郎・入道・時日」などである。このうち、人名を別として、熟語としては、下人・已上・御房・正月・大事・大小・一時・念仏・入道などがあるが、特徴的なことは、已上・合の言葉が漢字で書いてある点であろう（第一・二通）。この語は中世の譲状や売券・処分状、出納用語としてしばしば用いられ、女性の手になる同種の仮名書きの文書にもみられる。恵信尼がこの用語を使用していることは、日常に所領経営を行っており、不自然ではなく使用していたことが示されている。

　さて、第三通に「このもんそ、殿ゝひへ（比叡）のやまにたうそう（堂僧）つとめておはしましけるか、やまをいてゝ六かくたうに百日こもらせ給て、こせ（後世）の事いのり申させ給ける、九十五日のあか月の御しけん（示現）のもんなり、こらん候へとてかきしるしてまいらせ候」とあり、本文とは別に示現の文が存在したことが知られている。示現の文は「廟窟偈《びょうくつげ》」とも「女犯偈《にょぼんげ》」ともいわれているが、おそらく「女犯偈」で、音読・仮名書きの可能性が高いと推測できる。

　遠藤一氏は、「女犯偈」「廟窟偈」が諸本とも書き下しではなく漢文で書かれていることに注目され、真仏書写の「親鸞夢記（女犯偈）」が音読を付していることから、「示現を受けた文言をそのまま、漢文を音読したままで語り伝えたと思われる。したがって両者とも人びとに音読され〈音〉で伝わっていったものと考えられる。ただし、親鸞は右訓をほどこしているが、人びとに与える際に書き下し（延書）をしなかったのは、音読するのが本来であると考えたのであろう。ゆえに『親鸞

聖人御因縁』『御伝鈔』『親鸞夢記』のいずれも書き下されていない」と指摘している。(6)

遠藤氏が根拠とされる「親鸞夢記」は、高田派専修寺の所蔵で「親鸞聖人真筆六角堂夢想偈文」と題されている。親鸞の有力門弟の一人で下野高田の真仏が書写したものである。(7) 偈文の部分には右に送り仮名、左に返り点と片仮名書きの音読みがつけられている。偈文の音読みの部分を挙げると、

行者宿報設女犯　キヤウシヤ　シウホウセチニヨホム
我成玉女身被犯　カシヤウキヨクニヨシンヒホム
一生之間能荘厳　シヤウシケンノウシヤウコム
臨終引導生極楽　リムシユインタウシヤウ

となっている。一生の一と極楽の字には仮名が当てられていない。真仏は正嘉二年（一二五八）に没しており、このとき親鸞は八十六歳であったから、真仏が書写したときは親鸞生存中であり、親鸞自身が書き与えたものが門弟によって書写され、流布していたことがわかる。親鸞自身が書き与えたということは、示現の文は「廟窟偈」でなく「女犯偈」であったことを物語っている。音読みの読み方も、親鸞の読み方であったと考えてまずまちがいない。

おそらく、恵信尼もこの文を音読みで暗唱していたにちがいないが、門弟たちが所持したような漢文で書かれ、音読をほどこした親鸞自筆の「女犯偈」を持っていたであろう。第五通でも恵信尼は親鸞の言葉「しゝんけう人しん、なんちうてんきやうなむ」、つまり「自信教人信、難中転更難」

を音読み・仮名書きでもって記していることが注目される。恵信尼はおそらく親鸞がいった言葉を、そのまま聞き、心に深くとどめていたからであろうと思われる。以上を考えるならば、恵信尼が書き送った六角堂示現の文は、漢文ではなく音読み・仮名書きで書いたとみるほうが自然である。

経文を読み、学問をすることは、男性女性を問わず大多数の人々がかなうことではなかった。経文は漢文といっても、音読するのはいわば外国語を読むことである。説話類に経を読めない僧の話がしばしばみえているように、僧にとっても経を読むことは難しいことであり、経の暗唱は僧侶としての最低条件でもあった。経文を暗唱できたとしても、経文の大意は知っていても、内容を理解することができた僧は少なかった。ごく一部の学僧と貴族を除いては、大多数の人々にとって、経文の真意はわからないままに読まれていたと思われる。音読みの経が現存するのは、漢文で書かれた経を読めない人のための実用目的であったと思われるが、それでもなみなみならぬ努力を必要としたことであろうし、日常の片手間にできることではなかった。

代々東大寺学侶の家として祖父に寛豪已講《いこう》、父に厳寛得業《とくごう》をもち、東大寺大勧進、戒壇院長老であった円照の母は、『円照上人行状』(8)によると、老年になって円照の勧化によって出家し、如円と号して法華寺に住んだ。円照は当時竹林寺にいたが、法華寺に近い海龍王寺に移って母に孝養を尽くし、自ら『比丘尼鈔』を書写して母に与えて毎日講読し、母も欠かさず席について聴聞したといわれている。このとき円照は、母に尼戒を暗唱させたとされている。夫も父も僧侶という、寺辺に生活していた女性で、他の女性と比べると宗教的環境にあった女性ですら、専門的宗教者になることは並大抵のことではなかったのである。

恵信尼が音読で経文を書き、また、「自信教人信」を音読みで書いたのも、日頃耳に聞き慣れた言葉を、そのまま書いたと考えてよい。親鸞の言葉を日々に聞き、信心を深めた恵信尼にとっては、耳慣れた言葉を漢字に当てはめるのではなく、また、返り点や送り仮名をつけて読み下すのでもなく、聞いたままを心にきざみつけておいたのを、そのまま覚信尼に書き送ったことと思われるのである。

二 親鸞の思い出

恵信尼書状の一々の具体的な内容については宮崎氏の詳細な検討があるのでこれにゆずるが、おおづかみに特徴と思われる点をみておこう。

第一通は建長八年（一二五六）七月九日、第二通は同年九月十五日付で、覚信尼への下人譲状である。恵信尼書状に花押があるのはこの二通のみであり、正式の譲状として書かれたものと考えてよいと思われる。第一通、第二通は譲状の性格上、のちに第三者が見ることを予測しているが、第三通以下は私信として書かれ、覚信尼のほか若干の身内が読むことを考慮しているようである。

第三通は覚信尼からの「こその十二月一日の御ふミ」で、親鸞の死の知らせを聞いて、親鸞の死がただの死ではなく、往生人であったとの思いをこめて、若き日の親鸞が体験した六角堂の夢告と、武蔵国境郷で恵信尼が見た夢を書き送ったものである。端裏書に別筆で「恵信御房御筆」と記され、宮崎氏によって覚信尼の孫覚如の筆と考えられている。第四通も第三通と関連して六角堂の示現のことを清書して持っているように、聖人の御影一幅をほしいこと、第五通で記される親鸞の風邪のとき大経を読もうとした話にふれ、さらに恵信尼が今年八十になり、今日までは死ぬこともなく、今年の飢饉にも飢え死にもすることかと思いつつ暮らしていることを記している。年欠ながら覚如の筆で「弘長三年癸亥」と記し、第三通と同時に出されたものと考えられている。第五通は親鸞の風邪のとき大経を読もうとした話で、この書状には恵信尼筆で「弘長三年二月十日」と記され、第三通、第四通が同日とする根拠となっている。第六通は第五通の日付の訂正であるが、これも前の三通と同年かと考えられている。

第三通から第六通は親鸞の思い出が中心となっている。この一連の書状は、たんに覚信尼にのみ宛てられていたようでもない。第四通に「いまハ、かゝる人にてわたらせ給けりとも御心はかりにもおほしめせとて、しるしてまいらせ候也、よくかき候はん人に、よくかゝせてもちまいらせ給へし」とあって、この文が他人の手で書写された可能性を示している。

六角堂の参籠、『無量寿経』読誦の話は、他の書状に比して文体も流麗で、日を追って情況が説明される。たとえば、第五通のなかで、

さて、ふして四日と申あか月、くるしきに、まハさてあらんとおほせらるれは、なにことそ、たわことゝにや、申事かと申せハ、たわことにてもなし、ふして二日と申日より、大きやう（経）を

よむことひまもなし、たま〳〵めをふさけハ、きやうのもんしの一時《（字カ）》ものこらす、きららかにつふさにみゆる也、さて、これこそ心へぬ事なれ、念仏の信しんよりほかにハ、なにことか心にかゝるへきと思て、よくよくあんしてみれは、この十七八ねんかそのかみ、けに〳〵けに〳〵しく三ふきやうをせんふよみて、すさう《（衆生）》りやくのためにとてよみはしめてありしを、これハなにことそ、しゝんけう人しん《（自信教人信）》、なんちうてんきやうなん《（難中転更難）》とて身つから信し、人をおしへて信せしむる事、まことの仏おんを仏おんをむくゐたてまつるものと信しなから、みやうかうのほかにハなにことの不足にて、かならすきやうをよまんとするやと思かへしてよまさりしことの、されハなほもすこしのこるところのありけるや、人のしうしん《（執心）》しりき《（自力）》のしんハよく〳〵しりよあるへしとおもひなしてのちハ、きやうよむことハとゝまりぬ、さて、ふして四日と申あか月、まハさてあらんとは申也とおおほせられて、やかてあせたりてよくならせ給て候し也、

とある。「ふして四日と申あか月」は恵信尼の言葉、「ふして二日と申日」は親鸞、ふたたび恵信尼の「ふして四日と申あか月」に戻って日を追っている。また、引用部分では「候」は最後の「よくならせ給て候し也」の一カ所しか用いていず、他の部分の「候」の使用数と比較しても明らかに違っている。文体はリズムがあり、口語りの一節を聞くような感を与えている。引用部分のあとに、三部経を読んだ年を信蓮房が四歳のときであったことを記しているが、文体は普通の書状の文体に戻っている。このことからも、親鸞が繰り返し身辺の人々に語ったものであったと考えてよいと思われる。

第六通では親鸞の病気の日をにき（日記）により訂正している。日を追って記した日記なのか、それとも中世にしばしばみられる事件記録としての日記と同様に、『無量寿経』読誦の物語のみを記したものかは明らかでない。もし後者であるとするならば、この事件は親鸞が人々に語り、あるいは門弟に書き与えていた話の一つとも解される。恵信尼は、自分がかかわった話でありながら一つの物語として繰り返し聞いていただけでなく、文字に書きとどめられて記憶を確かめることができたのではないか。このように考えれば、先の文体の違いも理解できるのではなかろうか。

覚信尼が恵信尼に親鸞の死を伝えた内容はわかっていない。想像の域を出ないが、一つは親鸞の臨終時の状況から往生に疑問を抱いた部分があったのではないかと思われる。いま一つには、親鸞没後の様子を考えるならば、覚信尼の周辺で、身内の側から語られた親鸞の行状を知る必要があったのではないだろうか、ということである。

「されハ御りんす（臨終）ハいかにもわたらせ給へ、うたかひ思まいらせぬうへ、おなし事なから、ます（益）かた（方）も御りむすにあいまいらせて候ける、おやこのちきりと申なから、ふかくこそおほえ候へハうれしく候」とあるように、親鸞の死は「いかにもわたらせ給へ」、つまり人々には往生人としての確証がなく、ただの死としかみられていず、そのことへの疑問が伝えられて、恵信尼は親鸞の死がただの死ではなく往生であることを確証しようとしたものと考えられる。そして往生の確証としての、六角堂参籠と観音の化身の夢告、そして『無量寿経』読誦の話、と親鸞の行状を繰り返し伝えようとした。また、恵信尼は第三通に付して六角堂の示現の文を記して送っている。先にも述べたが、この示現の文が「女犯偈」であるとするならば、わざわざ恵信尼が書き送らなくても、親鸞は門弟たちに書き与えたり書写させていたから、覚信尼たちも熟知していたとみてよい。とすれば、恵信尼その人が書いたことに意味があるはずである。恵信尼が語った六角堂参籠と示現の文が必要であったのは、門弟たちが語る伝承ではなく、身内が語る親鸞の伝承を覚信尼たちの伝承としようとしたのではなかったか。

表2に掲げたように、恵信尼書状には、端・端裏や奥に別筆で覚信尼、覚恵、覚如によって注記した部分がある。第一通・第二通にはなく、第三・四・五通のみに記されている。これは、恵信尼書状をたんに整理したというだけでなく、しばしば読み返され、用いられていたことを示している。以上によって第三・四・五通は、親鸞伝承の第一級史料としての位置を、当初から有していたにちがいないと思われる。

第七通から第十通は、

表2 恵信尼書状の注記

第三通	恵信御房御筆	覚如筆ヵ	端裏書
第四通	ゑちこの御文にて候	覚信尼筆	端裏書
	此御表書ハ覚信御房御筆也	覚如筆ヵ	端裏書
	此一枚ハ端ノ御文ノウヘニマキ具セラレタリ	覚如筆ヵ	端書
	弘長三年癸亥	覚如筆ヵ	日付右
第五通	此一紙ハハシノ御文ニソヘラレタリ	覚如筆ヵ	端書
	徳治二年丁未四月十六日 この御うハカキハこ上の御て也　覚如しるす	覚如筆	奥
	上人の御事 ゑちこのあまこせんのおしるし　文	覚恵筆	奥

筆者推定は宮崎円遵氏による

恵信尼が自分の身辺のことを書き送ったもので、石卒都婆建立のこと（第七・八通）、自身の健康のこと（第七・九・十通）、死に年のこと、死が近いこと（第七・八・九・十通）、物忘れのこと（第十通）、孫の養育のこと（第七通）、飢饉（第七通）、下人のこと（第七・八・九・十通）、覚信尼が送った小袖を「よみじこそで」として大切にしていること（第九・十通）、覚信尼の子女や周辺の人々の消息が知りたいこと（第九・十通）、わかさに念仏をすすめること（第十通）、光寿御前下向のこと（第十通）、覚信尼と極楽での再開を願い念仏をすすめること（第十通）、信蓮房の不断念仏のこと（第十通）、針を送ってほしいこと（第十通）などさまざまな内容が記されている。順序だてて書いていないので、理解が困難な部分もあるが、むしろそのゆえに、恵信尼の関心がどこにあったかが窺え、自身が気がついていたかはわからないものの、恵信尼の水面下の宗教意識をかいまみることができる。

三　現世の浄土――むすびにかえて

第三通の六角堂参籠に続いて、恵信尼は常陸下妻の境郷に住んでいたときに見た夢を書いている。夢のなかでは堂が西向きに立ち、堂の前に立燭があってその西側に鳥居のようなものがあり、横わたしに仏がかけてある。一体は仏の顔ではなくただ光の中に仏の頭光ばかりあって、一体は仏の相好である。「これはなにほとけにてわたらせ給うぞ」と問えば、だれかはわからないが光がさして声が聞こえ、「あれこそほうねん上人にてわたらせ給へ、せいしほさつにてわたらせ給そかし」という。いま一体はと問えば「あれハくわんおんにてわたらせ給そかし、あれこそせんしんの御房よ」との答えで夢が覚めた。この夢を夫親鸞に語ったところ、「これそしちむにてある」という返事であったが、このとき妻は殿（親鸞）が観音の化身であるとの告は何も申し上げなかった、と記している。

　高僧が仏菩薩の化身であるという伝承は、門弟や信徒の間で語られるばかりでない。母や妻や娘にとっても、かれは仏菩薩であった[9]。高僧の母が息子を師主・善知識、仏菩薩とみたように、恵信尼が娘に書き送ったのは、夫が観音の化身であり、その夫を通して救済の確信を得たことであった。夫の言葉を自らの言葉とし、夫によって得た信心を自らの信心の核とした妻は、そのままを娘へ伝えようとしたのではなかったか。娘だけではなく、夫の臨終のそばにいたことを喜んだ息子の益方や栗沢の信蓮房たちにも日頃話していたはずである。

　晩年の恵信尼は、自分の死後のために五重七尺の石卒都婆の建立を思い立ち、誂えさせた。自分が生きている間に立てよう、もしなんとかなれば、子どもにも立ててくれるようにと願う。また、恵信尼は覚信尼から送られた綾の小袖を「よみじこそで」すなわち死装束としてとっておき、臨終にそなえて用意したという。第九通に「又、こそてたひ〳〵たまはりて候、うれしさ、いまハよみちこそてにて、きぬも候はんすれハ、申ハかり候はす、うれし□《（くカ）》候也、いまハ、あまりきて候ものハ、さいこの時の事はなしてハ思はす候」とみえ、さらに第十通でも、「あやのきぬたひて候し事、申はかりなくおほへ候、いまは時日をまちてゐて候へハ、これをやさいこにて候はむすらんとのみこそおほへ候へ、たふしまても、それよりたひて候しあやのこそてをこそさいこの時のと思てもちて候へ、よにうれしくおほへ候、きぬのおもてもいまたもちて候也」とある。管見のかぎりでは、生前に死装束を用意したと明記するものは恵信尼書状のほか見当たらないが、こうした用意はおそらく民間で行われていたものと思われ、夫に別れて晩年を過ごす恵信尼にとって死のための用意は、後生の祈りを形にあらわすものであったと考えられる。在家尼として所領を経営し、孫たちを養育し、下人を管理しながら後生を願う姿は、中世の在地領主クラスの老婦人とダブルイメージでとらえることができる。

さて、恵信尼の宗教体験について、ジェームズ・C・ドビンズ氏は、次のような興味深い指摘をしている。要約すると、浄土教は転女成仏・変成男子思想を受け継ぐ三十五願を説き、親鸞の文言にも見出すことができる。恵信尼もおそらくこの教義を聞いたことがあって、あるレベルで納得したかもしれないが、恵信尼にとってはその教義が概念的にわかっても実存的には日常の考え方に組み込んでいない。第十通に覚信尼と侍女に浄土で再会したいという希望が記され、はっきりとは書いていないが、女性のままで浄土に生まれる期待があったようであり、この一例からみても、教義のレベルと一般信仰のレベルとの間にはかなりのずれがある、というのである(10)。

このことは、恵信尼の浄土に対する考え方にかかわっている。民間レベルでの浄土に対する考え方は、浄土教家が説くような経論に書かれる非日常的な浄土ではなく、地続きの浄土であったことを基盤としており、恵信尼にあっても同様に認識していたことを物語っていると考えられるからである。

大江匡房の『江都《こうと》督納《とくな》言願文集《ごんがんもんしゅう》』巻五に、白河上皇の乳母であった藤原親子が白河法勝寺の隣に善勝寺を建立したときの願文を収めるが、そのなかに、「浄土広しと雖も望を弥陀尊に懸け、よって女身の往生を聴される也。即ち半丈六皆金色無量寿如来一軀を安置し奉る」とみえている。(11)

さらに匡房は『続本朝往生伝』に、女性が女性の姿のままで往生したと確認される例を記している。源忠遠の妻は、武蔵守源教の孫で、夫に従って大宰府に下向していたが、康和三年（一一〇一）正月、出産後に容態が変わり、臨終時は念仏乱れず、梅の花に似た異香がすると言って没した。その香は四十九日の間残っていた。女の没後、母や師の僧覚厳の夢で往生が確認されたが、ある人の夢に現れたのは、この女性が菩薩の装束を着て、安楽寺の一切経会の舞人の中にいた姿であった。しかも「頭面手足は平生に異ならず、ただ舞装束の相改むるならくのみ」つまり、舞人の装束を着けているが、生きているときのままであった、というのである。ということは、この女は男子に変成したのでなくて、女性の姿のまま往生したことを示している。

匡房は院政期を代表する文人であり、女性たちが救われがたい「五障の身」として、僧たちの説く変成男子・転女成仏説も熟知し、女性たちの求めに応じて執筆した願文にも「五障」などの表現を用いている。往生伝執筆者として豊富な仏教知識をもっていた匡房が「女身の往生」というのは、教説の説く往生とは明らかに異なっている。

もう一つの例は三善為康の著した『後拾遺往生伝』豊前権守有輔女の伝である。この女は、晩年に出家して、比叡山の僧である息子に養われ山麓の東坂本に庵を結んでいたが、息子たちにみとられて往生を遂げた。息子は母に、没後に必ず生処を示すようにと頼んだが、後日の夢に母が現れて浄土にいることを告げる。母は息子と極楽のありさまについて、どんな建物があるとか、宇治御堂に似ているかなどと問答を交わすのだが、この問答のなかでの母と子は、生前ととくに変わったような気配はなく、おそらく生前の尼姿のままの母が夢に現れたとみてよい。

この二人は、いずれも正規の尼として修行を積んだのではなく、在俗か暮年出家した後家尼である。往生伝はほかの在俗女性についても、明確にはしていないが、女性の姿のままの往生を思わせる記載も見られる。おそらく大多数の女性たちの間では、成仏とか往生が次元の違う世界ではなくて、現実に連なる世界であり、しかも女性の姿のままでいける「極楽浄土」と意識していたのではないかと思われる。僧たちが説く浄土と、民間で意識される浄土との間には、かなりの隔たりが存在したのではなかろうか。

『扶桑略記』天慶四年（九四一）三月条に引く「道賢上人冥土記」に、吉野金峰山の修行僧道賢は息絶えて執金剛神の化身である禅師の導きで金峰山浄土に至って蔵王権現に会ったという。地獄もまた現世に存在したことは、『法華験記』や『今昔物語集』などに語られる立山の地獄の話からも窺え、遡れば、『日本霊異記』が描く地獄も、現世と地続きの地獄であった。中世後期の天文七年（一五三八）の奥書をもつ『笠置寺縁起』によれば、建久年中（一一九〇〜九九）貞慶が六角堂で修行中に倶生神《ぐしょうじん》が出現し、貞慶が問うと、堂の正面右辺の庭上の地が破れてそのまま閻魔宮に入ってしまった、という話がある。笠置の龍穴から北に一里ばかりいったところには都率内院《とそつないいん》（弥勒浄土）があるともいう。浄土や地獄のイメージは、源信をはじめ多くの浄土教家たちが描くイメージとは明らかに異なっている。浄土も地獄も、現世とは地続きであり、現実の姿のままで往還できるところと認識されていた。

山々や寺々の開山堂は、開山の廟所であるが、その周囲は弟子たちの墓があり、その外縁に帰依者たちが納骨されている。本堂の須弥壇の下が開山（本願）や中興の納骨場所となり、時代の推移や宗派によって差異はあるが、寺院を構成する要素としてはさほど変化していない。こうした風景は現代でも続いてみられる高野山の奥院を連想すればよい。奥院は弘法大師空海の廟所であり、弥勒浄土の入口として信仰され、人々はここに納骨されることで往生の確約を与えられる。開山の廟所の周辺は浄土であり、側近くに葬られることによって人々は浄土の一員になれるのである。諸国の霊場も浄土に通じる道であった(12)。

女性たちがもっていた浄土と地獄のイメージが、現世と地続きであったとすれば、転女成仏とか変成男子説は、僧の論理としては成立しても、民間レベルで受容されたかどうかについては、必ずしもそうとはいえないのではなかろうか。女人成仏・往生の背後には、基層信仰と深くかかわる浄土観があり、女性のままの成仏・往生が現実のものとして信じられていたのではなかろうか。転女成男などという成仏よりも、女性の姿のままの成仏のほうがより自然であった。僧たちの経論の解釈は、貴族や貴族の女性にとっては受け容れられたであろうが、大多数の女性にとっては、転女成仏・変成男子説が、実感としてはそれほど深刻に受けとめられていなかったのではないかと思われる。

恵信尼の浄土の認識は、おそらく源信以後の浄土教家が作り上げたイメージや親鸞が説いた浄土のイメージとも異なり、死後そのままの姿で行き、そのままの姿で会うことのできる地続きの浄土だったのではないだろうか。

本願寺は、覚信尼が夫小野宮禅念の屋敷地である吉水の北辺に建立した親鸞の影堂（廟所）から始まった。この本願寺の寺基は恵信尼の娘の覚信尼によって成立したといわれている(13)。多くの真宗寺院は、開山である親鸞の御影堂が阿弥陀堂に比して大きい。このことは、真宗教団が開山を中心に展開したことを示している。

先にもふれたように、恵信尼は親鸞を仏菩薩の化身と信じ、夫によって得た信心を自らの信心の核とした。そして娘の覚信尼に伝えた。恵信尼がもつ日常的な「浄土」のイメージは、のちの現世の浄土「本願寺」のイメージへと発展した。その意味で恵信尼は、潜在的な「妹の力」によって親鸞の信仰を伝える役割を果たしているといってよい。

母から娘へと伝えられた信心は、本願寺の成立に深くかかわっている。本願寺教団は代々親鸞の血筋をひく血統相承である。ただし、覚信尼は他家に嫁ぎ、覚如はその孫である。直系相続の原則からいえば傍系の家系である。傍系の覚如が正当な相承者であると主張するためには、正当な相承の論理を必要とする。それが三代伝持であることは周知であろう。そして、相承を正当化する最大の武器は、後世まで知られなかった恵信尼から覚信尼へ、そして覚如へと伝わった恵信尼書状にかいまみられる恵信尼の信心にほかならず、本願寺教団の血統の相承は、この恵信尼の信心の組織化にほかならなかったといえるのではなかろうか。

註

（1） 中世仏教の祖師について限定すれば、今堀太逸による法然伝の遊女教化譚についての史料批判（「法然と遊女」研究会・日本の女性と仏教『会報』2、一九八五年、同「法然の絵巻と遊女」『鷹陵史学』一一・一二号、一九八六年、のち『神祇信仰の展開と仏教』、吉川弘文館、一九九〇年に再録）、松尾剛次の明恵の新義華厳教団における女人救済の祖師神話の研究（『鎌倉新仏教の成立』、吉川弘文館、一九八八年、同「遁世僧と女人救済」研究会・日本の女性と仏教『会報』5、一九八八年、同「遁世僧と女人救済」、大隅和雄・西口順子編シリーズ女性と仏教2『救いと教え』、平凡社、一九八九年）、石川力山による道玄の「女身成仏説」についての再検討（「道玄の《女身不成仏論》について――十二巻本『正法眼蔵』の性格をめぐる覚書――」、『駒沢大学禅学研究所年報』創刊号、一九九〇年）などが挙げられる。

（2） 細川涼一『中世律宗寺院と民衆』（吉川弘文館、一九八七年）第四章「鎌倉時代の尼と尼寺」、同「王権と尼寺――中世女性と舎利信仰――」（『列島の文化史』5、日本エディタースクール出版部、一九八八年）、同「中世における尼寺の展開」（『鎌倉』五八号、一九八八年）、同「阿仏尼伝の一説　律宗との関係をめぐって」（『三浦古文化』四三号、一九八八年、いずれものち『女の中世』日本エディタースクール出版部、一九八九年に再録）、同「西琳寺惣持と尼――中世律宗と「女人救済」――」（シリーズ女性と仏教2『救いと教え』、平凡社、一九八九年）など。

（3）平雅行「女性と光明真言」（研究会・日本の女性と仏教『会報』5、一九八八年）、同「旧仏教と女性」（津田秀夫先生古稀記念会『封建社会と近代』、同朋舎、一九八九年）、同「中世仏教と女性」（女性史総合研究会『日本女性生活史』第二巻中世、東京大学出版会、一九九〇年）。

（4）恵信尼書状の発見は大正十年（一九二一）で、のち『墨美』二三七号（墨美社、一九七四年）に宮崎円遵氏の解説を付して写真が公開された。また、一九七七年に影印本で実物どおり巻子本に仕立てた文書が宮崎氏の監修によって刊行され（法藏館）、手近に見ることが可能となっている。恵信尼書状の書誌的研究については数多いがとりあえず『宮崎円遵著作集』第一巻『親鸞伝の研究』上（永田文昌堂、一九八六年）を挙げるにとどめる。本文引用部分は『墨美』写真版にもとづき、句点を付けた。

（5）宮崎円遵「恵信尼文書について」（『墨美』二三七号解説）、巻子本『恵信尼文書』複製解説（のち『親鸞伝の研究』上に再録）。

（6）遠藤一「坊守以前のこと　夫と妻、真宗史における女性の属性」（シリーズ女性と仏教3『信心と供養』、平凡社、一九八九年）。

（7）専修寺所蔵の「親鸞夢記」は、①「三夢想記」、②真仏筆の「親鸞夢記」、③同真仏筆の偈文、の三点がある。平松令三「高田宝庫新発見資料による試論」（『高田学報』四六輯、一九五九年、のち『親鸞真蹟の研究』、法藏館、一九八八年に再録され、偈文の筆者を真仏とされている）。

（8）『続々群書類従』三。

（9）大隅和雄「女性と仏教——高僧とその母——」（『史論』三六号、一九八三年）。

（10）James C. Dobbins "Letters of nun Esinni (1182–1268?)"（一九八九年十二月、コロンビア大学ワークショップ、"On Women and Buddhism in Pre-modern Japan" 口頭発表要旨「恵信尼文書について」）。

（11）平泉澄校勘『江都督納言願文集』巻第五「女三位善勝寺」（至文堂、一九二九年）。

（12）現世の浄土については、拙稿「日本史上の女性と仏教——女人救済説と女人成仏をめぐって——」（『国文学解釈と鑑賞』五六—五、一九九一年）、拙著『女の力　古代の女性と仏教』（平凡社、一九八七年）第一章「仏法と忌み」参照。

(13) 薗田香融「覚信尼の寄進——本願寺教団における世襲制の起源——」(宮崎円遵博士還暦記念『真宗史の研究』、永田文昌堂、一九六六年、のち『平安仏教の研究』に再録)。

Ⅳ　絵系図の人びと

絵系図に見る「家」の祭祀

一　伊庭の虫送り

滋賀県の湖東、神崎郡能登川町伊庭の妙楽寺では、毎年七月の土用三郎、つまり土用から数えて三日目に、伊庭の人々が集まって行う「虫供養百万遍」の行事がある。

妙楽寺は、寺伝によれば、藤原不比等の発願、定恵《じょうえ》の草創と伝え、もとは天台宗であった。仏光寺の中興了源の舎弟了念がこの寺に住んでから、仏光寺に属し、仏光寺の同格別殿として、湖東の中心的存在の一つとなった。元文四年（一七三九）西本願寺に転派し、現在に至っている。(1)

百万遍には八カ町の人々が、各町十名平均で参拝する。午後三時三十分から法要が始められ、法要が終わると各町の行事が準備した、大黒豆の塩煮と茶菓が出され、歓談するのが恒例になっている。参詣の人の話では、第二次大戦以前は、参る人も多く、盛大であったという。この日は農作業も休みで寺に参る。夕方から、たいまつを持って田をまわり、寺からいただいた豆とお仏飯を少しずつ笹の葉に包んで、葦の先を割って間にはさみ、田の取り入れ口に供えた。現在でも豆とお仏飯はいただいて帰るが、農薬の普及によって田に供えたりすることはない。

虫供養百万遍の由来は、正慶二年（一三三三）稲の害虫が発生したので、村の人々は伊庭の氏神の多武明神に祈ったが、ひどくなるばかりであった。妙楽寺にあった了念は、氏神の前に仏光寺の法物で親鸞聖人の筆と伝える光明本尊を安置して念仏し、また伊庭庄内の田地を巡って村人とともに念仏したところ、虫は去って豊作となった。その後、康暦元年（一三七九）大飢饉となったが、伊庭庄だけは無事であった。以来毎年土用の三日には、氏神の前に光明本尊を安置し、ついで伊庭、能登川、安楽寺、須田など庄内各地域に迎え、他宗の寺も参加して念仏した。ゆえにこの光明本尊は「豊作の名号」または「虫払いの名号」といわれていたという(2)。

伊庭の地は、伊庭内湖に接し、琵琶湖最大の内湖である中ノ湖（現在の大中の湖干拓地）に連なっている。伊庭内湖は愛知川の伏流水が涌水となって集められ、瓜生川から伊庭川となって伊庭を通り、土砂を運んで中ノ湖を分断してできた内湖である。伊庭川は灌漑や生活用水として用いられ、また水上交通路ともなり、河口の伊庭港は湖上交通の要衝であった。しかし川幅がせまく、旱魃には、湧水が減って水が不足し、大雨になればたちまち洪水となって浸水し、伊庭の部落や田畑に災害をもたらした(3)。

稲につく害虫を追い払うための儀式として、虫送りは稲作地帯でさかんに行われた。夏の虫害は、その年の作柄を左右する重大事であったから、今日のように稲の品種改良が進み、農薬や化学肥料が普及して、天候や害虫の発生にかかわらず一定の収穫が得られるようになるまでは、虫を村の外に送り出し、被害を最小限にくいとめるために、村をあげて祈願したのである。

稲の害虫は外境からやってくる悪霊と見なされ、非業の死を遂げた人々の霊が害虫となって稲を荒らすと考えられていた。田植が終わってから、土用の間が多く、わら人形を作って虫の霊とし、たいまつを持って太鼓や鉦を打ってはやしながら、村境まで送ってここで焼き、次の村に追い払う。西日本では「サネモリ送り」と呼ばれ、人形を「サネモリサン」と言う。「サネモリ」は斎藤別当実盛の霊の化現という伝承である。虫の霊の呼称が異なったり、形式も各地で多少の差はみられるが、ほぼ共通した儀式で、伊庭のように念仏と習合して、虫送り念仏とか、百万遍と呼ぶ地域も多い。

伊庭の百万遍は、民俗行事としては「虫送り」である。だが、伊庭には、虫害を鎮めるための儀式の中心に光明本尊があった。光明本尊と念仏の霊威によって、虫の霊を鎮めようとした。しかも光明本尊は、氏神の前にかけられ、氏神が儀式の舞台となっていたのである。

周知のように、中世後期の農村は、数カ村が郷や荘の単位で惣と呼ばれる連合体を組織し、共同で惣の運営や氏神祭祀、用水の管理を行い、あるいは近辺の村落組織間の紛争の主体となり、あるいは共同で戦った。

光明本尊は、自然の災害や外敵から伊庭庄を守るための共通の本尊となった。了念の伝承はともかく、村落組織の宗教的紐帯ともいうべき氏神に安置されることによって、庄全体の連合の中心に入りこんだのである。光明本尊の力で伊庭庄だけは凶作をまぬがれた話は、惣結合の排他的、閉鎖的性格を物語っている。村落のさまざまのタブーや呪術のなかで、親鸞―了源―了念と連なる、その光明の末端に伊庭の門徒たちが、そして伊庭庄の人々がいた。逆にいえば、光明は仏光寺から妙楽寺へ、さらに伊庭の人々を結ぶ宗教的役割を果たしていたのである。

二　絵系図と光明本尊

仏光寺系の諸寺でひろく制作された絵系図は、十四世紀前半に始まり、十五世紀初頭に最盛期を迎え、文明十四年（一四八二）仏光寺経豪が蓮如の傘下に加わってのち、仏光寺の教勢の衰退にともない、歴史の表面から姿を消す。

蓮如以前、仏光寺教団の勢力は本願寺をしのぐものであった。経豪が蓮如に帰依したとき、蓮如は経豪に蓮教の名を与え、山科に興正寺を建てるなど優遇した。興正寺の末寺は、延享三年（一七四六）の統計によると、全国で、約二千カ寺で、本願寺末寺のおよそ四分の一をしめるというから(4)、経豪がいかに多くの門徒を引き連れていったかが知られよう。

絵系図は、巻子本に門徒の肖像を順次描いたもので、あとに述べるように、入信者名簿とも、門徒団名簿とも考えられているが、門徒たちを絵系図に描くことで、仏光寺の教線は、近畿以西、とくに山陰・山陽地方に大きく伸びたといわれている。

絵系図を始めたとされている了源は、その目的を序題に記している(5)。

シカルニ予カス、メヲウケテ、オナシク後世ヲネカヒ、トモニ念仏ヲ行スルトモカラ、ソノカスマタオホシ、仏力ノ加被マコトニワタクシニアラサルモノヲヤ、コレニヨリテ、道場ヲカマヘテ本尊ヲ安シ、有縁ヲス、メテ念仏ヲヒロムルタクヒ、先年名字ヲシルシテ系図ヲサタムルトイヘトモ、カサネテイマコノ画図ヲアラハストコロナリ、コレスナハチ、カツハ次第相承ノ儀ヲタ、シクセシメンカタメ、カツハ同一念仏ノヨシミヲオモフニヨリテ、現存ノトキヨリソノ面像ヲウツシテ、スヱノ世マテモソノカタミヲノコサントナリ、シカレハ名字ヲワカ門徒ニツラネテ、コノ系図ニツラナルトモカラ、コトニ堅固ノ信心ヲサキトシテ、

平松令三氏はこの序題の「ソノカスマタオホシ」「カツハ次第相承ノ儀ヲタ、シクセシメンカタメ」というのは、門徒の増加と、そのために生じるトラブル防止のための師資相承の明確化を念頭においたものであって、絵系図の制作は、門徒の統制、組織化を意図する実用目的であったと考えられた。さらに、もし絵系図が、師資相承系図として表現するためであれば、開山親鸞像を筆頭におき、門弟たちの肖像を連ねるべきところを、親鸞以下の門弟については、序題の文中に記すにとどめ、肖像は門徒集団の構成員だけをその指導者を筆頭にして描いている点に注目され、絵系図は次第相承が目的なのではなくて、門徒団名簿ともいうべきものであり、同信者の肖像を連ねることによって門徒集団の連帯意識を高めようと意図したものであったとされた(6)。

初期の絵系図の目的は、平松氏の推論のとおりであると思われる。ならば、なぜ絵系図は交名帳のように名を連ねたものではなく、絵をもって表現せねばならなかったのかが、次の問題となろう。

これは、たんに連帯意識を高めるというのみでなく、仏光寺門徒団を構成する民衆の宗教意識に深くかかわっていると考えられるからでもある。この問題を解く鍵は、絵系図そのものではなくて、仏光寺が本尊とした光明本尊にあると思われる。

光明本尊は、放射状に光明を放つ九字名号、すなわち「南無不可思議光如来」もしくは八字名号「南無不可思議光仏」を中心とし、向かって左下に六字（南無阿弥陀仏）、右下に十字（帰命盡十方無碍光如来）を書き、その内側に釈迦・阿弥陀二尊が描かれる。上部は先徳像で、左上部に天竺・震丹の高僧と龍樹・天親菩薩、勢至菩薩、右上が和朝で、聖徳太子と眷属、源信、源空、親鸞とその門流の肖像になっている。いわば、名号＝阿弥陀仏を中心に浄土真宗の系譜がインドに始まって、左中段から上へと図示される形式である。

宮崎円遵氏によれば、親鸞が門弟に授与した名号本尊には、十字・八字・六字があり、十字名号であれば、その系統の門徒は十字名号を本尊として安置したし、八字名号を授与された門徒の系統は八字名号を本尊としたというように、名号の種類によって門徒の系統も異なる。初期真宗における門徒の系統は、名号の種類でほぼ明らかにしうるという。さらに氏は、九字名号は八字名号から展開したものと考えられ、したがって、九字名号を本尊とする仏光寺は、八字名号を本尊とする門徒グループの系譜に属するのではないか、との推論をされた(7)。

光明本尊の光明の末端に描かれた門弟の肖像は、彼らが、親鸞から正式に授与された名号をいただく仏光寺系の門徒団の正統な継承者であったことを意味する。とすると、次の推定が成り立つ。

絵系図の序題に、一流相承系図として「ミギ親鸞聖人ハ真宗ノ先達、一流ノ名徳ナリ、勧化《かんげ》都鄙《とひ》ニアマネク、化導《けどう》道俗ヲカネタマヘリ、カノ門徒アマタニアヒワカレタマヘルナカニ、予カ信知シタテマツルトコロノ相承ハ、真仏・源海・了海・誓海・明光コレナリ」と述べる。この親鸞以下の門弟たちは、絵系図には描かれなかった。それは彼らがすでに光明本尊の右上部に描かれていたから、重複して載せる必要がなかったのではないか。そして絵系図の筆頭に描かれた了源[8]は、光明本尊の門弟中にも列して、光明本尊と門徒たちを結ぶ存在であり、その光明の延長線上に門徒をおいたのが絵系図ではなかったか。したがって、光明本尊と絵系図は二つで一セットであったと考えられる。

いま、この推定を実証するためには、光明本尊および絵系図について、その一々を系統的に精査する必要があり、断定はできないが、一つの可能性として提示しておきたい。

絵系図は筆頭からそれぞれを朱線でつないでいる。もちろん、これには「系譜」を表す意味もあるが、もう一つには、光明本尊から発した光明そのものでもある。その光明は末端の一人に至るまでをつないだ。

光明本尊をいただく仏光寺の門徒にとっては、この朱線こそが明光や了源と門徒たちを結ぶルートであり、本寺への証であった。また在地の寺院にとっては、本寺から下付された光明本尊と在地の門徒を絵系図で結びつけることにより、門徒を組織しえた。先に述べたように、伊庭妙楽寺の光明本尊が「虫払いの名号」と呼ばれ、伊庭庄の宗教的紐帯となったのも、こうした前提のもとにはじめて可能となったと考えられる。

仏光寺は絵系図によって飛躍的な発展を遂げた。それは、絵系図に描かれることで、現世に阿弥陀仏の光明に連なることができ、「スヱノ世」つまり後生も、と了源が約束したからである。

絵系図はここに新しい段階を迎えたことになる。初期の段階では、僧俗を含めた門徒団名簿であったものが教団形成の過程で門徒と門徒を組織した寺院の体制が整備されるにともない、寺絵系図（住職相承系図）と、入信者リストとしての門徒絵系図へと分離する傾向をみせ始める。近江堅田『本福寺由来記』に応永二十年（一四一三）の頃、仏光寺には名帳絵系図に加えられたいと願って人々が群集したと伝える。おそらく、これらとあい前後して、諸寺で分離が進行したかと思われる。

さて、第三の段階は、絵像のかたわらに死没年月日が記入されるようになったこと、すなわち絵系図の過去帳化の時期である。村井康彦氏は、京都光薗院本が永正年間（一五〇四～二一）から往生年月日を絵像のかたわらに記入し始め、「入信時」から「往生時」へと関心が移っていることを示すものとして、絵系図の過去帳化の進行ととらえられ、これと応ずるかたちで、伊庭の妙楽寺本門徒絵系図が出現していること、その本質は、各家の系譜が描かれた「絵過去帳」であると指摘されている。(9) 近江の湖北、馬渡《もうたり》光源寺、津里光照寺絵系図についても、中世後期には往生年月日が記載され、同様の傾向を示している。

では、絵系図は在地の民衆にとって、どのような役割を持ち、機能を果たしていたであろうか。

いまも絵系図が寺院と民衆を結ぶ役割を果たしている数少ない存在である、滋賀県伊庭妙楽寺、馬渡光源寺、野瀬光福寺で行われている八月の盆行事を通して考えてみたい。

三　系図まいりと「家」

伊庭妙楽寺には中世からの絵系図が所蔵されている。もとは巻物であったのが掛軸に改装され、本来は絵の前にある序題も切り離されて、一巻となっている。上部右から了源・了明、その横に妙楽寺中興第一世了念・心妙、中段右に了空・性空、左に性正・性円、下段右に正尊、左に正信の肖像を配しており、他の一軸とともに寺絵系図もしくは住職相承絵系図ともいうべきものである。このほかに断簡のまま一括して木箱に納められた中世後期に始まる門徒絵系図がある。門徒絵系図は、伊庭の各家ごとにも所蔵されており、今日なお書き継がれている。

門徒が絵系図を所持するようになったのは、明治時代に入ってからのことで、もとは寺に保管されていた。現在でも寺に預けておき、参詣のときに出してもらう門徒もあるが、ほとんどは持ち帰っている。寺に残った絵系図は絶家になったために納められたものか、あるいは西本願寺に転派したとき、妙楽寺につかないで、仏光寺派に残った家の絵系図が差し押さえられたもの、とのことである。

門徒絵系図の形式は大別すると、

①すべて絵像
②先祖は法名で、ある時期から絵像になるもの
③法名と絵像が混在したもの
④法名のみ

の四種類である。②③の法名部分は書き継ぎではなく同筆で書かれ、ある時点で通して記されたものであるらしい。おそらく現在の形に表装された時点で、脱落を補うために、過去帳や系図をもとに付け加えられたものと思われる。各家の絵系図には、明治二十年から三十年代に改装された旨が記されており、このときと考えてよいだろう。ただし、改装以後も法名が混在している場合があり、(10)描き手不在の時期があったことを思わせる。また、写真を添えて絵像の代わりにする例も昭和初期以後に見られる。④については明治期以後の分家に多いが、近年になって逆に絵像に切り替えるものがある。いずれにしても、絵の代わりに法名が記されるのは明治期以後である。その理由については事例を分析しないとわからないけれども、明治期以降の単婚小家族の増加が絵系図制作の増加につながり、家族のおかれていた経済的状況や描き手の問題ともからまって、法名帳のような絵系図が生まれてきたのではなかろうか。絵系図は生きているから、常にその家の消長にかかわってくる。一方で絶家があり、一方新家が起こって、新たな絵系図が再生産され続けるのである。

門徒絵系図は今日では一家族に一つの絵系図が多いが、同一絵系図に本家と分家が、それぞれの末尾に継続しうる余白を残すもので、複合家族絵系図ともいうべきものがある。一例を中村家の場

合について見よう。
（1）本家　釈清徹（寛政十一年没）から釈浄真（昭和四十三年没）まで
（2）分家①　釈清信（天保五年没）から釈清盈（昭和十七年没）まで
（3）分家②　釈芳因（慶応二年没）から釈清徹（昭和四十二年没）まで
（4）分家③　釈正信（明治二十二年没）から釈泰岸（昭和四十三年没）まで
（5）分家④　釈亮信（天保十三年没）から釈大岸（昭和四十六年没）まで

中村家の祖とされるのは、中村姓系図によれば、万治元年（一六五八）没の釈道清（俗名清右衛門）という。この絵系図の初代本家となっている釈清徴（金右衛門）は、二代目新兵衛の分家で、紺屋を家業としていたらしい。釈清信（金三郎）と釈芳因（小兵衛）は釈清徹の子、釈正信（金市郎）と釈亮信（武三郎）は釈清信の子である。

後にふれるが、参詣が同族単位で行われる例がしばしば見られるのも、今日では別の絵系図を所持する家をも含めて、傍系血族が分家したあとでも先祖祭祀については本家を中心に共同で営んでいたことを物語るものであろう。

門徒絵系図の家族形態は、寺絵系図と同様に、主として夫と妻との直系血族からなっている。古い時期の絵像は法体で描かれているが、近代初期から法体に混じって俗体が増加し、近代になると紋服や軍服、学生服姿になる。

早死した子どもは有髪童形の晴れ着姿で描かれる。子どもの絵像は中世の寺絵系図、たとえば広島県山南宝光寺所蔵本にも見られ、(11) 門徒絵系図に限ったことではない。早逝した愛児を悼み、その往生を願って書き加えられたものであろう。子どもに限らず、一家を立てずに亡くなった息子や、未婚の娘も絵系図に加えられた。「娘」と記載された年輩の女性もある。このような傍系血族が加えられるのは、比較的新しい時期、近世後期からの傾向のようである。

第二次大戦以前は、次節で述べる系図まいりのとき、嫁は婚家では参らず、里方のほうで参るのがならわしであった。嫁は、極端にいえば、没後に絵系図に描かれてはじめて、婚家の人となり、その家の系譜に組み込まれることになる。絵系図の年配の女性が独身女性なのか婚家を去って里方に戻ったかはわからないが、こうした女性が里方の絵系図に入る余地も残されていた。両親のかたわらに描かれるしか、ほかに居場所はなかったのである。

四　系図まいりと「ハカ」

旧暦七月十日・十一日、現在では八月十一日と十二日の両日、伊庭の門徒たちは家に所蔵する絵系図を持って妙楽寺に参詣する。「系図まいり」と呼ばれ、妙楽寺の主要年中行事となっている。(12) この日は伊庭を離れて生活する人々も東京や名古屋や大阪から帰省し、参詣する。

当日は早朝五時頃から世話役によって準備が整えられ、家族がそろって寺に来る。本家・分家が合流して一族で来る場合も多い。本堂の内陣の前には、絵系図を拡げる台が三カ所に設けられている。その台のそれぞれに一家族が集まり、持参した絵系図を開き、住職の読経の間に一同が焼香礼拝する。絵系図は巻子仕立てや、折本仕立てにされており、読経の間中に台の両端で押さえ、ちょうど読経が終わりになる頃までに、先祖の絵から順次拡げてゆき、新しく書き加えられた人々、つまり家族たちの知っている祖父母や両親が出てくるように巻いてゆく。読経は約三分で、旧家になるほど分量が多いので、拡げてゆくのに忙しい。礼拝が終わると巻き戻してゆくが、その間家族たちは近親者や先祖について話し合ったりする。

一家族単位での系図まいりは以上で終わるが、本家・分家ともに一族で参る場合は、本家が終わると次は分家の絵系図が拡げられ、礼拝が行われる。さらに母方の親族が同時に参詣していれば、縁者はこれも参拝するので、本堂の中はかけもちで参る人たちが集合したり、離れたりする風景も見られる(13)。

本堂での礼拝が終わると、寺で用意された豆の塩煮をいただき、お布施と米を差し上げてから、本堂横の納骨堂に参る。つづいて寺中にある手次の寺（誓教寺・法光寺・浄福寺・源通寺）で同じように絵系図を開き、読経礼拝を行う。

正午近くなって門徒の参詣が一段落すると、寺で保管された絵系図の木箱が世話方の手で仏前に運ばれ、読経があって一同焼香し、行事は終了する。八月十一日・十二日とも同じ形式で営まれ、門徒の参詣日も定まっている。

滋賀県東浅井郡湖北町馬渡光源寺、旧・浅井町野瀬光福寺にも、絵系図にかかわる盆参りが行われている。

光源寺は寺伝では、もと田根庄野田村（旧・浅井町野田）にあり、天台宗に属していたが、嘉暦年間（一三二六～二九）に住職が了源に帰依して仏光寺に属し、天文年間（一五三二～五五）大安寺村（湖北町）に移り、寛永年間（一六二四～四四）現在地に移転したと伝える。

光源寺では法要のとき住職が絵系図を読み上げるのが、儀式の中心となっている。八月七日から始まり、十五日までで、十二日までは門徒の地域によって参詣日が定められ、十三日以後は自由参拝で絵系図は読まれない。門徒の地域は、馬渡・高田・大安寺・速水・津里《つのさと》（湖北町）、野田・上野・龍安寺・野瀬・草野・鍛冶屋・瓜生・北野（旧・浅井町）、西山（伊香郡木之本町）、大浦・山門・中・庄（西浅井町）、そのほか長浜などにわたっている。中世後期から所蔵される絵系図の分布は、現在の参詣者の地域と重なっており、村外に出ている人も、参詣はもとの村の日に参るので、ほとんど変化していない。

法要は午前十一時に始められ、読経ののち「絵系図拝読」が行われる。その日参詣した人たちの物故者――祖父母・両親・子どもなどの一人一人について、法名・俗名・死没年月日、参詣者との続柄が読み上げられ、その間に参詣者は焼香をする。新ボトケの場合は法名が仏壇の前に掛けられる。十二時前に終了すると、寺で用意された酒飯をいただくのが恒例になっている。絵系図拝読は、没後五十年で打ち切られる。死者の没後三十三年とか五十年を過ぎると、トムライアゲといって、年忌を打ち切り、死者の霊は祖霊となり、先祖として祀られるようになるが、絵系図拝読の打ち切りも、これを機に固有の名を失い、祖先の一員になることを物語っている。

野瀬光福寺も同様の形式で参詣が行われる。八月十日から十三日までで、十日は馬渡・長浜と野瀬の初墓、十一日は野瀬の惣墓と鍛冶屋、十二日は初墓の総供養となっている。前年の盆以降の新ボトケは絵系図を仏前に掛ける。新ボトケの絵系図が作られることを「ハカをたてる」と称し、参詣を「初墓」と呼ぶ。「惣墓」は新ボトケ以外のすべての物故者の絵系図まいりをさす。光源寺の場合も同じように「初墓」「惣墓」と称している。

さて、両寺とも現在制作されている絵系図は、半紙大の紙に木版で僧形の坐像を摺り、右に死没年月日・続柄・法名・俗名が記入されている。光源寺についてみると、絵系図で彩色されたものは文亀年間（一五〇一〜〇四）からで、寛文年間（一六六一〜七三）を境にして木版が出始め、彩色絵像は減少し、江戸後期にはすべて木版である。本版絵像中、慶長年間（一五九六〜一六一五）の年紀を記すものもあるが、後代に追善のために制作されたものである。木版絵像は現在作られているものと同じ、上下二段で一枚ずつとなっているが、彩色絵像についても、寛文期は一枚ずつで、紙をつないで巻物とした形跡はない。中世後期から近世初期の絵像は、断簡ではあるが、巻物としてつないであった跡があり、またほかの絵系図と同様、朱線で絵像をつないでいる。ただ切断したらしい様子も見られ、はたして断簡なのか、ある時期バラバラにしたものかは確かめられない。現時点でいえることは、寛文期以後一枚ずつの絵像となったこと、それが現在まで継続して制作され「ハカ」と呼ばれていること、の二点である。では、絵系図が「ハカ」と呼ばれ、絵系図を作るのを「ハカをたてる」というのは、なぜであろうか。

滋賀県では、諸方に墓のない村がある。志水宏行氏が報告された事例によると[14]、一村が真宗寺院に属している村では墓はなく、他宗寺院が併存している村でも、他宗には墓はあっても真宗門徒は作っていない場合が多い。土葬地帯では埋め墓はあっても詣り墓は作らない。高島郡安曇川町（現・高島市）横江地区では、埋め墓は祭祀対象とはなっておらず、埋葬後は顧みることはない。死者の遺髪や爪を、一年ほど寺の本堂や御内仏に祀り、のちに親族の手で大谷本廟へ納骨するのがならわしとされている。火葬地帯では拾骨して、所属寺院の納骨堂か大谷本廟へ納骨する。

蒲生郡蒲生町桜川東・桜川西では、両村とも真宗寺院（桜川東は本願寺派、桜川西は大谷派）で、村人たちは盆に所属寺院に参ることを「墓参り」と称しているという。

森岡清美氏は三重県阿山郡大山田村（現・伊賀市）下阿波正覚寺の事例から、埋葬地は捨て墓で、詣り墓はなく、盆・彼岸・永代経などの追善供養はすべて本堂で行われていることに注目され、本堂が「集合詣り墓」の意味をも持っていることを指摘され、真宗における無墓制とは、詣り墓がない代わりに、各家の仏壇、手次寺の本堂が相当すると考えられた[15]。桜川東・西の両村が「墓参り」と呼ぶのは、村人たちにとって寺が詣り墓と認識されていたことを示している。

光源寺も光福寺も墓はある。石碑を建てるようになったのは明治期以後で、それも昭和に入って増加したものという。絵系図を「ハカ」とみなし、参詣を「初墓」とか「惣墓」と呼ぶのは、おそらく、墓を持たなかった時代からの意識であろう。墓に参って先祖を供養するように、寺に参って絵系図を読み上げてもらう儀式、それが初墓・惣墓であった。

伊庭妙楽寺も墓はない。伊庭は火葬であるが、火葬場には石塔が一基あるだけで、だれも参らない。妙楽寺境内には、了念以来と伝える納骨堂があり、ここか本山の大谷本廟に納める。そして人々は墓の代わりに妙楽寺に参り、盆前には系図まいりをする。妙楽寺でも絵系図は先祖の「ハカ」にほかならなかった。

妙楽寺は幕末から明治期にかけての、各家単位の系図化ともいうべき改装によって、絵過去帳の性格をいっそう明確にし、光源寺では寛文年間から異なった方向を歩み始めている。今日見る絵系図まいりは、妙楽寺では家族もしくは同族単位での先祖に対する祭祀であり、光源寺や光福寺では個々の死者（近親）への供養というかたちで行われている。

図1　光源寺木版刷絵系図

「ハカ」は不要とした人々にあっても、絵系図は必要であった。絵系図は「ハカ」であり、系図まいりは墓参りであった。

現世と「スヱノ世」を約束した絵

図２　光源寺絵系図拝読

図３　光福寺初墓

系図の、門徒団名簿から絵過去帳への過程は、寺と在地の人々、家の先祖祭祀とのかかわりのなかで進行した。それはまさに絵系図の土着であった。

註

（1）『近江神崎郡志稿』、藤葉正信『妙楽寺史』（妙楽寺、一九七七年）。
（2）『妙楽寺史』第二章三。
（3）『能登川町史』第二章三。
（4）千葉乗隆『真宗教団の組織と制度』（同朋舎、一九五八年）第四章参照。
（5）序題の了源の名は、諸本により表白者がかわる。平松令三「絵系図の成立について」（『仏教史学研究』二四―一、一九八一年）現存絵系図一覧表参照。
（6）平松註（5）前掲論文。
（7）宮崎円遵「光明本尊の構成」（『初期真宗の研究』、永田文昌堂、一九七一年）。
（8）筆頭者は諸本によりかわる。平松註（5）前掲論文、現存絵系図一覧表参照。
（9）村井康彦「絵系図と絵系図まいり」（『日本美術工芸』第四九一号、一九七三年）。
（10）『妙楽寺史』第三章四。
（10）宝光寺本二本ともに見られる。A本は下段ヒメマツの背後に描かれている「五歳サイマツ」の像で、B本は尼妙円の左に二名の小児像がある（『真宗史料集成』第四巻『専修寺・諸派』「絵系図」、同朋舎出版、一九八二年、六九三頁）。
（12）妙楽寺系図まいりについては、村井註（9）前掲論文のほかに、柴田実「伊庭妙楽寺の絵系図と系図まいり」（柴田実著作集2『日本庶民信仰史』仏教篇、法藏館、一九八四年）がある。
（13）筆者が一九八四年八月十一日に確認した範囲では、七十七家族中、十人以上十五人以下十七組、十六人以上二十人以下九組を数えた。一例を挙げると、A家十四人の参詣が済むと、A家中七人が独立して参詣するというパターンがみられる。

(14) 志水宏行「滋賀県の宗教環境にかんする覚え書き」(『大谷学報』六五—二、一九八五年)、同「宗教と村落構造——滋賀県安曇川町横江の場合——」(『大谷大学研究年報』三一、一九七九年)。

(15) 森岡清美「真宗門徒における『無墓制』」(『真宗教団における家の構造』、御茶の水書房、一九七八年)、なお真宗における無墓制については、児玉識「真宗地帯の風習——『渡り』の宗教生活を探る——」(竹田聴洲博士還暦記念会編『日本宗教の歴史と民俗』、隆文館、一九七六年)に指摘がある。

中世後期仏光寺教団と村落

——近江湖東地域を中心に——

はじめに

蓮如以前、仏光寺教団の勢力は本願寺をしのぐものであったといわれる。堅田本福寺法住が十七歳の頃、母妙専尼の勧めでトキヤ道円、カウシヤ太郎左衛門らと大谷本願寺に参詣しようとしたとき、「御本寺《（本願寺）》様ハ人セキタヘテ参詣ノ人一人モミエサセタマハス、サヒサヒトスミテオハシマス」状況であったのに、「シルタニ仏光寺コソ、名張《（帳）》エケイツ《（絵系図）》ノ比ニテ、人民クンシフシテ、コレニコソル」繁盛ぶりであった（『本福寺由来記』）。

神田千里氏は、法住が応永二十三年（一四一六）に本願寺に帰依したという『本福寺由来記』の記述は、仏光寺末寺であった本福寺が前歴を隠して由緒正しい本願寺末寺であることを強調するための作為であったことを明らかにされた。神田氏によると、近江・摂津にはもと仏光寺末であった痕跡を残す寺院があり、蓮如の活動の初期に仏光寺派と接触していた可能性を指摘されている(1)。

具体例としては、東浅井郡湖北町今西の大谷派智源寺の方便法身尊像《ほうべんほっしんそんぞう》（阿弥陀仏絵像）裏書は実如の筆跡で「文亀三年癸亥六月廿八日　興正寺□徒（門）」とあり、智源寺は興正寺の前身であった仏光寺派に属していたことがわかる。(2) 同様の痕跡は、旧・米原町樋口の正覚寺にも見出せる。正覚寺は弘安八年（一二八五）庄司となった樋口猶時《なおとき》から四代後の猶友が出家して東坊妙信と号したと伝える（『近江国坂田郡志』）。東坊とは、仏光寺の四十八坊の一つ高林庵で、文明十四年（一四八二）に仏光寺経豪が蓮如に帰依したとき、住持宗覚は経豪に従ったため、本願寺教団に属したという。正覚寺は当初は仏光寺東坊のもとにあったとみてよい。いつ頃仏光寺から本願寺教団に属するようになったかはわからないが、『近江国坂田郡志』に弘治二年（一五五六）顕如下付の阿弥陀仏絵像があり、『三郡寺院鏡』には「往古仏光寺直参ニテ御本山直参」と記されているところからも確認できる。

現在の仏光寺派寺院のうち、大多数を占めるのは滋賀県である。滋賀県には、道場・掛所などを除いて一三八カ寺ある。こころみに、寺伝、郡誌等によって、不明分と明治以降を除外して、一三五カ寺の開基伝承、仏光寺に属した時期などについて整理した。(3) 伝承に疑問も多く、江戸時代に他派に転派したり、他宗・他派から改宗・改派した寺院もあり、実態とはほど遠いが、おおよその傾向は知ることができる。

まず、草創については、古代の草創伝承をもつ寺院が多い。天台であったと伝える寺院が四五カ寺、奈良時代以前の草創伝承をもつもの九カ寺、うち天台に転じたもの五カ寺、真言寺院であったもの二カ寺である。どの地方でも同じことがいえるが、寺院の権威づけのために草創伝承を遡らせる傾向がある。ただ、注意されるのは、蒲生郡竜王町小口本誓寺は真気神社神宮寺、旧・神崎郡永源寺町（現・東近江市）杠葉尾《ゆずりお》光林寺は春日神社神宮寺、旧・坂田郡近江町善性寺が山津照《やまつてる》神社別当寺、同町高徳寺が槻倉《つきくら》神社社坊、同町広林寺が日《ひ》撫八幡《なではちまん》別当寺など、神宮寺であったとの伝承が

表1　滋賀県寺院の開基・改宗伝承

時期区分	寺院数	百分比
鎌倉中・末期	2	1.5
鎌倉末〜南北朝期	25	18.5
南北朝以前	6	4.4
室町中期	5	3.7
室町後期〜戦国期	17	12.6
織豊期	14	10.4
江戸前期	37	27.4
江戸中期	20	14.8
江戸後期	3	2.2
明治以前	6	4.5
合　計	135	100

（注）開基・改宗年代不明分は、推定のうえ南北朝以前・明治以前として入れた。

表2　天文〜寛永年間

和　暦	寺院数
天文	5
永禄	4
天正	14
慶長	12
元和	5
寛永	12

存在し、本誓寺を除き天台から転宗した寺院であったことである。伝承不明の場合でも、鎮守のかたわらに建てられている場合がしばしばみられる。柏原祐泉氏によれば、もと神宮寺であった例は数多くみられるということであり(4)、仏光寺派に限ったことではないが、鎮守とともに真宗寺院が村落社会と深くかかわってきたことを思わせる。

　開基または改宗伝承をもつ寺院のうち、まず、了源の活動の時期とされる鎌倉末から南北朝期の間に集中し、一八・五パーセントを占める。室町後期から戦国期までが一二・六パーセント、織豊期が一〇・四パーセント、江戸前期が二七・四パーセント、江戸中期が一四・八パーセントとなっている。もう少し細かくいえば、天文年間

（一五三二〜五五）から増加し始め、寛永年間（一六二四〜四四）までが最も多い（表1・表2参照）。

管見の範囲では、開基が江戸時代に降る寺院でも、室町時代後期から江戸時代初期の制作と思われる「開基仏」「リンジュウブツ」「オソーブツ」などと呼ばれる阿弥陀仏絵像を所蔵している。(5) 開基、裏書年代と絵像の制作年代とは必ずしも一致しない場合もあり、おそらく、すでに道場として絵像を本尊としていたところに裏書が記されたとみられるものもあり、その頃すでに道場が開かれ、道場本尊としていたと思われる。つまり、室町〜戦国期に道場ができ、江戸時代に寺基を確立したといえる。

文明十四年、仏光寺経豪が蓮如に帰依したとき、蓮如は経豪に蓮教の名を与え、山科に興正寺を建てるなど優遇した。経豪に従って仏光寺を去ったのは四十八坊のうち四十二坊で、諸国の門徒数万が加わったという。通説では、仏光寺四十八坊の存在も否定はしないが、「四十八」という数字は伝承の域を出ないとして疑問視され、門徒数万についても疑われている。(6) 仏光寺が真宗教団の一大勢力であったことは、疑問の余地はないであろうが、以上みたように、近江の仏光寺派寺院の開基は、蓮如以後に増加するのである。

いま、わたくしにはこの問題を実証するだけの余裕もなく、力もないが、蓮如の時期に遡って仏光寺の教線が近江を覆っていたとするにはやはり疑問が残る。近江全体を覆っていたのは天台系の寺社であって、蓮如教団にしても仏光寺教団にしても、その間隙を縫って展開していったとみるべきではなかろうか。

蓮如前後の仏光寺教団については、残念なことに、当該期の仏光寺教団関係の史料は、寺の内外を問わず調査は進んでいず、また研究も少ない。ただ、幸いにも近江湖東と湖北に名帳・絵系図が数多く残されている。

湖東における仏光寺派は、竜王町川上光明寺所蔵の室町時代から江戸時代に描かれた絵系図によると、竜王町、近江八幡市、永源寺町（現・東近江市）に分布しており、在所には戦国期から江戸時代はじめに建立された寺院があり、仏光寺地帯ともいうべき地域である。また、能登川町には現在は本願寺派に属するが伊庭妙楽寺に近在の人々を描いた同時代の絵系図がある。湖北は東浅井郡湖北町津里《つのさと》光照寺、馬渡《もうたり》光源寺、旧・浅井町野瀬光福寺に絵系図があり、高月町・西浅井町あたりまで分布し、現在その地域には湖東地域と同様に仏光寺派寺院がある。小論では、仏光寺派の拠点の一つである近江八幡周辺から米原地域の名帳・絵系図の分析を中心として、現時点で可能なかぎり教団と門徒とのかかわりを考えてみたい。

一　阿弥陀仏絵像の霊力

近江八幡市日牟礼《ひむれ》八幡宮《はちまんぐう》では、毎年五月十五日に氏子の宇津呂《うつろ》十三カ村の祭り「十三仏祭」が行われている。午前十時三十分から約三十分間、拝殿に氏子十三カ村が保管する十三仏（阿弥陀仏絵像）を掛けて、神楽を奏し、念仏する行事である。

拝殿正面には阿弥陀仏絵像が月別に掛けてある。まず、神職、巫女、仏光寺八幡別院西方寺輪番、十三カ村の代表、氏子総代たちが着座する。神前で祝詞が読み上げられ、巫女二名が神楽を舞う。ついで、八幡別院輪番が神前で阿弥陀経、念仏、現世利益和讃、御勧章を読誦、十三仏の一つを保管する願成就寺住職の読経が行われ、参加者一同の拝礼をもって終了する。(7)

日牟礼八幡宮は中世「比牟礼社」と呼ばれ、鶴翼《かくよく》山の南麓にあり、寛弘五年(一〇〇八)の影向《ようごう》と伝え、誉田別命《ほむたわけのみこと》(応神天皇)・比売神《ひめがみ》・息長足姫命《おきながたらしひめのみこと》の三神を祀っている。『近江輿地志略《おうみよちしりやく》』によると、山上は近江八幡市多賀町の興隆寺、下社は小船木町願成就寺の鎮守社であったという。もとは山上に上社があったが、天正十三年(一五八五)の八幡築城のとき下社に合祀された。

日牟礼八幡の氏子は宇津呂庄(または比牟礼庄)十三カ村、馬場(八幡城下ができたため消滅)・多賀・北ノ庄・宇津呂・林・土田・市井・中・小船木・船木・鷹飼《たかかい》・西本郷・金剛寺で、のち江戸時代には八幡町が加わった。八幡町は三月十五日に行われる左義長を執行し、四月十五日の例大祭は十二カ村で行われている。

十三仏祭は今日では西川氏(一月)、南津田(二月)、大林石井氏(三月)・船木(三月)・願成就寺(四月)、渡会氏(五月)、北ノ庄(六月)、大林(七月)、徳法寺(八月)、宇津呂(九月)、石井氏(十月)、土田(十一月)、小船木(十二月)が参加している。もとは南津田・船木・北ノ庄・大林・宇津呂・中・土田・小船木・鷹飼・大房・多賀・馬場・市井の十三カ村で行われてきたが、馬場はなくなり、市井は不参加、鷹飼・大房・多賀は一年ごとにまわり持ちになったという。括弧内は拝殿

図１　日牟礼八幡宮十三仏祭①

図２　日牟礼八幡宮十三仏祭②

に阿弥陀仏絵像が掛けられる順序で、三月のみ大林石井氏と船木の絵像となっている。一月から十二月の順序については明らかではないが、十三カ村は井の島を起点として水を共同利用する水利組織を形成した「水仲間」であったとされており、用水配分の順序ではないかと考えられている。[8]

十三仏祭の起こりは、『近江輿地志略』に記載される『西方寺縁起』に、建長年中（一二四九～五六）疫癘《えきれい》天下に流行し、死者数知れず、時に最明寺道崇が諸国行脚の途中西方寺に立ち寄り、祈念のために三尺の阿弥陀仏像を造立し、宇津呂の十三カ村は阿弥陀仏像に祈ったがなお止まず、村人は公家に願い出て興正寺（今の仏光寺）から恵心僧都図絵の阿弥陀仏絵像十三軸と現世利益和讃を貰って八幡宮拝殿に掛け、和讃を読誦し念仏を唱えたところ、疫癘は止んだという。

天正四年（一五七六）五月に芦浦観音寺に差し出した『十三軸由来書』[9]によると、八幡宮氏子十三カ村では村々に阿弥陀仏絵像を安置し、一和尚が保管して、毎月十五日に村々順番に廻り、五月八日には、八幡宮拝殿で念仏を唱え神楽を奏する。その由来は、後土御門院の頃、延徳元年（一四八九）から明応元年（一四九二）までの四年間、諸国に疫病が流行し、多数の死者が出たので、宇津呂庄十三カ村の村長は、将軍義尚（義煕）に訴えて、仏光寺より、恵心僧都図絵の阿弥陀仏絵像の写しと現世利益和讃を貰い、村民が八幡宮の拝殿に絵像を掛けて念仏したところ疫病は鎮まった、というのである。

『十三軸由来書』では、疫病の発生を延徳元年から明応元年の四年間とし、『西方寺縁起』のいう建長の疫病にはふれていない。いずれの伝承が正しいのかは判断がつきかねるが、現存の阿弥陀仏絵像のほとんどは仏光寺教団が用いる阿弥陀仏絵像の様式と考えられ、制作当初の裏書は失われているけれども、室町から戦国期に遡ると思われるものもあり、疫癘を延徳から明応とする『十三軸由来書』とのかかわりを窺わせるものがある。

以来、宇津呂庄十三カ村で阿弥陀仏絵像を伝え、「十三仏廻り念仏」と称して、『十三軸由来書』にみえるとおり、月の十五日にまわり持ちで念仏を行い、六月十五日と春秋の彼岸に八幡別院西方寺、五月八日に八幡宮で念仏と神楽を行い、これを「宮念仏堂神楽」と呼んだ。明治の神仏分離によって宮念仏は廃止されたが、在所では今日まで継続しており、日時、場所もその年によって異なるとのことである。宮念仏が復興したのは昭和二十三年（一九四八）からで、十三年に一回大祭を行い、大祭には仏光寺門主も列席しているという。

八幡別院西方寺は、『西方寺縁起』には聖徳太子草創と伝え、もとは馬場村宮の鳥居の付近にあり、寛弘五年八幡神がこの地に影向したときに、本地阿弥陀仏を祀り、阿弥陀寺と号したというから、八幡と関係深い寺であったことがわかる。

ところで、近江八幡に隣接する神崎郡能登川町伊庭の妙楽寺で、毎年七月の土用に行われる「虫供養百万遍」は、正慶二年（一三三三）伊庭庄に稲の害虫が発生したので、村の人々が伊庭の氏神の多武明神に祈ったが、ひどくなるばかりであったので、妙楽寺了念は親鸞筆と伝える光明本尊を氏神の前に安置して念仏し、また伊庭庄内の田地を巡って村人とともに念仏したところ、虫は去って豊作となった。その後、康暦元年（一三七九）にも大飢饉となったが、伊庭庄だけは無事であった。以来毎年、氏神に光明本尊を安置し、伊庭、能登川、安楽寺、須田など庄内各地域に迎え、他宗の寺も参加して念仏したという。光明本尊は「豊作の名号」または「虫払いの名号」といわれている(10)。

中世後期の農村は惣と呼ばれる連合体を組織し、共同で惣の運営や氏神祭祀、用水の管理を行い、近辺の村落組織間の紛争の主体となっていた。伊庭には、「虫払いの名号」があった。宇津呂庄十三カ村には、疫病を払うために十三の阿弥陀仏絵像があった。阿弥陀仏絵像、光明本尊と念仏の霊威によって、疫病を払い、害虫の霊を鎮めようとした。阿弥陀仏絵像は氏神日牟礼八幡の拝殿に掛けられ、妙楽寺の光明本尊は氏神の前に掛けられた。いずれも、氏神が儀式の舞台となっていたのである。十三カ村の場合は、水仲間、日牟礼八幡の氏子として八幡祭の神役を勤め、十三仏祭を行ってきた。そして、十三カ村が村々で祀る阿弥陀仏絵像は、村の各家の宗派を問わず、疫病から村を守るための共通の本尊であった。

伊庭の場合は光明本尊が「寺」と「村」を結び、「寺」と仏光寺を結ぶ役割であったが、宇津呂庄の場合、阿弥陀仏絵像は仏光寺から下付されたとはいえ、各村・家は仏光寺派ではなく、しかも、日牟礼八幡に最もかかわりの深い願成就寺も阿弥陀仏絵像を保管している(11)。阿弥陀仏絵像は、持ち寄って村々を廻ることで、「村」を結ぶ役割を果たしているが、それは、「寺」と「村」を結ぶものではない。村々を結ぶのは日牟礼八幡であった。阿弥陀仏絵像のもとに、村々は日牟礼八幡に結集されたのである。

しかし、宇津呂と伊庭に共通して、在地の神とともに仏光寺の影が深くさしていることは否定できない。

二　名帳から過去帳へ

さて、中世仏光寺において、仏光寺と門徒をつなぐ役割を果たしたものとして、はじめにふれた名帳・絵系図がある。名帳は「親鸞聖人門侶交名牒」と称される。親鸞の流れをくむ門弟の名を各地域別に書き連ねたもので、とくに了源門弟を詳細に記している。現存の名帳のなかで、書写年代がわかるのは、仏光寺光薗院所蔵の交名牒で、末尾に貞和三年（一三四七）の書写奥書を持っており、底本はその頃編纂されたものとみられている。名帳にはもう一つの形態をもつものがある。序題（作成趣意書）と交名が連なっているもので、神田千里氏はこれを仏光寺から道場主が相伝し、それに門徒の名を連ねる形式であったと考えられている(12)。門徒たちは名帳に名を書き加えられることによって、親鸞の系譜に連なることをたしかめ、そのことによってたんに往生の確信を得るだけでなく、浄土往生が確約されると考えられていたのである。

絵系図も「系図」と称されるように、序と、仏光寺開山の了源・了明夫妻の絵像を筆頭として、門徒たちの絵像が描かれるもので、筆頭から発した血脈をあらわす朱線で結ばれている。つまり、これも名帳と同じように絵系図に描かれることによって親鸞以来の系譜のなかで門弟として位置づけられたことを示す。

米原仏道寺と明照寺の名帳は、いずれも法然・親鸞に始まり、親鸞以下の門弟を朱線で結んで列記された部分は光薗院本と同じと思われ、形式としてはとくに変わったところはない。

仏道寺は寺伝では正和年中（一三一二〜一七）覚仏の草創で、もとは天台宗という。第二世のとき了源の弟子となり、仏光寺派に転じた。仏道寺蔵の光明本尊は、裏書に「応永五年三月五日、画工加賀権守入道理円筆、永禄七季甲午十月十五日奉修覆」とあって、第四世道心のときに制作、下付されたものである。道心は「仏道寺門侶交名帳」によって第四世であることが確認できる。本尊の冊銘には、第二世本願、第三世願心が描かれている。「本願」は長浜市光台寺・仏厳寺・仏心寺の光明本尊にもみえており、この地方で活動した宗教者であったことがわかる。

仏道寺名帳は折本仕立てで、序と法然・親鸞以下の門弟たちを挙げ、了源—覚心—覚仏（正和五年〈一三一六〉七月十三日没）と法系を連ね、覚仏を開基として注記する。ついで、朱線はないが、歴代住持と門徒法名、在所と死没年月日、俗名、続柄を記載する、いわゆる「過去帳」というべきものになっている。親鸞に続く弟子たちのなかで、開祖了源の弟子の末端に、在地の人々を書き連ねることによって、彼らの浄土往生が確認される仕組みなのであろう。年代は元和二年（一六一六）から天明八年（一七八八）までである。記載された人々のなかには、延宝五年（一六七七）十月十七日に没した当寺の善蓮は彦根袋町に一寺を建立し、川並福王寺に隠居し、その後、磯《いそ》喜光寺に住し福王寺で亡くなった、と記している。また、同年に没した上多良村居住の浄祐、その前年に没

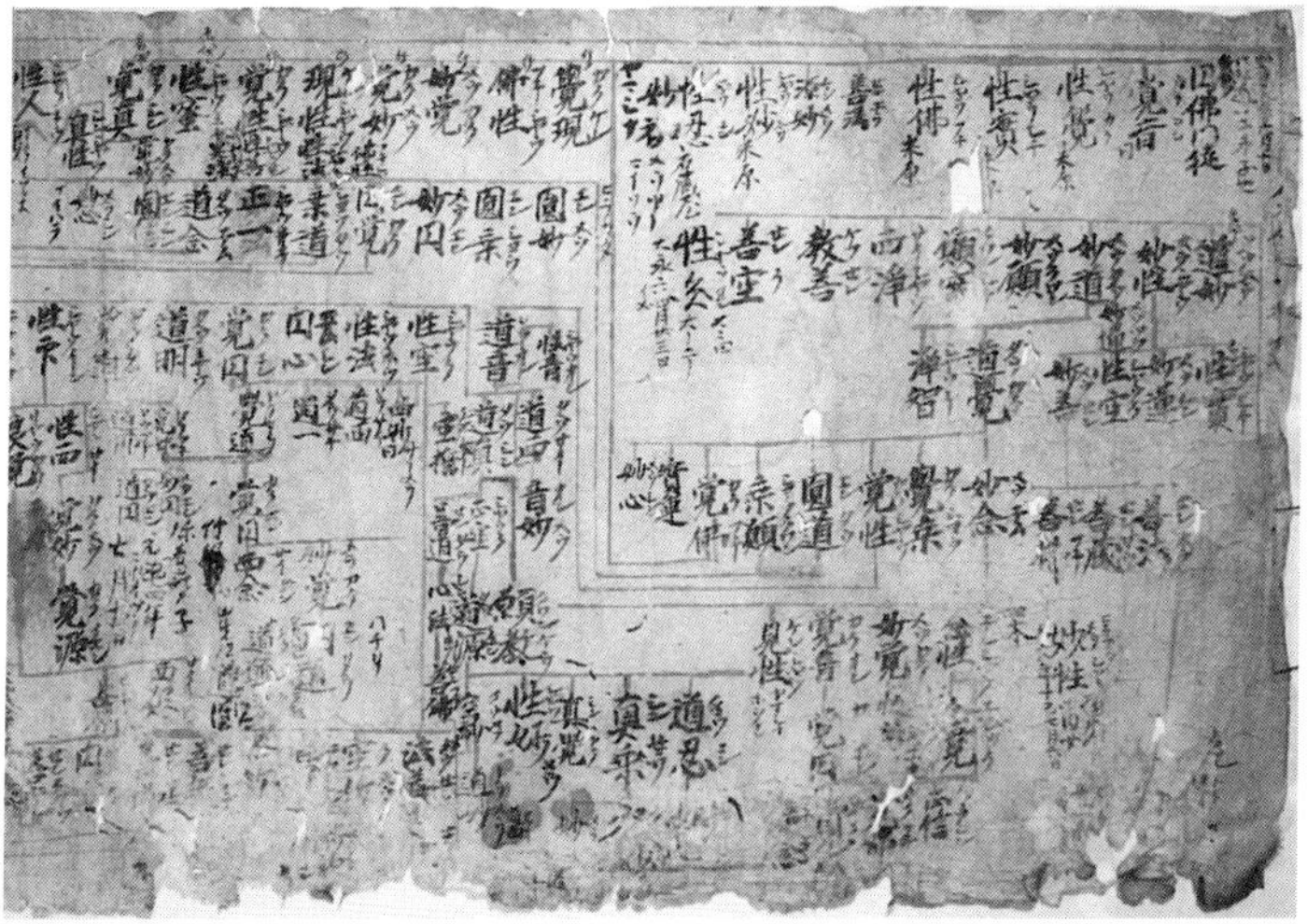

図３　明照寺名帳

した妙祐夫妻は、開山了源ならびに善知識本寺第十八代経海の影像を寄進したと注記しているものもある。

名帳による門徒の分布は、「当村」すなわち下多良村が全体の六〇パーセントを占め、ついで朝妻村が一一パーセントで、以下、米原のほか、鳥居《とりい》本《もと》、彦根、長浜、顔戸《ごうど》（旧・近江町）、大尼子《おおあまご》村（犬上郡多賀町）など広範囲に散在する。

中山道筋に位置する樋口明照寺は、開基は不明であるが、明和七年（一七七〇）の文書に「当山開基釈光善法師、姓は多賀氏、出家して当山ヲ開キ、念仏弘通の導師也。去ル元亨元年五月廿五日寂ス。滅後法門弘通繁栄なり。死後年経ル事、当明和七寅年より凡そ四百五十年也」（『近江国坂田郡志』、文書は現在は不明）とあって、元亨元年（一三二一）に没した多賀氏

（『近江国坂田郡志』では名を左近とする）が当寺に入って活動したと伝える。明照寺蔵の「門侶交名帳」には了源の弟子の一人である「空専」の名があり、これとは別の、明応九年（一五〇〇）に始まる名帳中にも、文安三年（一四四六）六月二十三日没の「空専」と享禄四年（一五三一）三月十八日に没した「後住光善」の名がみえる。あとで述べるように、この記載部分は江戸時代と思われるので一考を要するが、『近江国坂田郡志』の没年と異なる。にわかに断定できないけれども、名帳中の光善が、多賀左近である可能性が大きいと思われる。光明本尊の裏書には仏光寺第十八代経海の花押と慶安二年（一六四九）の年紀があるが、本尊の右端に開祖了源を取り巻くように、光善・善也・善祐の肖像がある。

明照寺名帳は巻子仕立てで、これも親鸞に始まる「門侶交名帳」一巻と、別に在地の門徒たちを記載した二巻がある。大部分は没後に書かれたものであるが、その間に「逆修」と注記された部分が混在している。逆修は生前に名帳に書き加えられたことを意味し、おそらく、身内で亡くなった人を弔い、冥福を祈るために名帳に書いてもらったとき、同時に加わったものと思われる。仏道寺名帳が過去帳であるのに対して、没後と生前とが入り交じっている点が特徴といえる。

一つは筆頭に「円仏門徒　明応九年六月十日　竹林道一子弟子也」とあって明応九年に始まり、「道清」の没年月日である寛永十年（一六三三）四月十日までが記され、それぞれが朱線によって結ばれているが、複雑に入り組んでいる（仮に「明応の名帳」と称する）。巻なかばの余白に、

明照寺住持
釈空専　文安三丙寅年六月廿三日
後住
釈光善　享禄四辛卯年三月十八日

と記されている。先にもふれたとおり、光善は開基であるが、この部分は後代に書き加えられたものとみられる。寛永は道清一人だけで、これも別筆であり、大部分が永禄二年（一五五九）から元和九年（一六二三）となっている。

もう一つの名帳は、永禄二年から正保二年（一六四五）までで、朱線はない（仮に「永禄の名帳」と称する）。いずれもただちに復元するには困難であるが、読みとりが可能な部分に限定して説明しておきたい。

明応の名帳は、下部が確認できないため正確な数字はわからない。男女と子ども約八百名弱の法名を主体に、在所、俗名、続柄、死没年月日を記載するが、法名のみ記載されるものもある。また油屋、酒屋、麹屋などの屋号を記すものもある。門徒の在所は、米原内では朝妻が最も多く四一パーセントを占め、多良一八パーセント、寺のある樋口は三パーセントで町内に散在し、ついで犬上郡の多賀一〇・四パーセント、米原一〇パーセントで、長浜（山階・高田）が九パーセント、そのほか彦根、近江町などに分布する。

書き出しの部分が切れているため不明であるが、「明応」の下から出ている朱線は、妙道―道覚―乗願―道念―賢円とたどることができ、そこには「賢円御門徒ヤマノハキ明称寺開山也」と記されている。賢円については明らかでなく、「ヤマノハキ」は山脇村（彦根市山之脇町）に当たるが、現在山之脇町には明称寺という寺はない。ちなみに、彦根市平田の明照寺（本願寺派）は、もと犬上郡多賀町後谷にあったが、山脇村に移り、さらに現在地に移転したと伝える有力寺院であるが(13)、明称寺の後身かどうかについての確証はない。

次に書き出し部分の「竹林」「円仏門徒」に注目すると、竹林は下多良をさしており仏道寺が所在する。また、ここから、妙道—道覚—覚性—道音と朱線をたどってゆくと、

文徳二《（ママ）》年八月廿五日往生当日
竹先師道一門徒　米原・梅原・磯・仏称寺・山シナ性久門徒已上五門徒此弟子也

の記載がある。「竹」は竹林のことで、道一を先師とする門徒集団が米原、梅原、磯、仏称寺（不明）・山階（長浜市泉町）に存在したことを窺わせる。磯はさきにふれたように喜光寺が存在し、山階には仏心寺がある。仏心寺の光明本尊には仏道寺二世本願の名がみえることから、明照寺・仏道寺と山階とは深くかかわっていたことが考えられる。道一は書き出し部分の円仏の先師であり、とすれば、この名帳は道一を師とする門徒集団の名帳ということになる。円仏の在所は「米原イシクラヤ」で、名帳には「イシクラヤ」「石蔵屋」「石倉屋」の記載が数カ所にあり、米原に住む指導者であったことがわかる。

さらに朱線をたどると、「カウ田門徒　道西門徒」とあるが、その系譜は明らかでない。ついで「仏道寺乗久」があり、さらに十五人のあとに以下の記載がある。

元亀二年十二月廿七日
仏道寺住持　伊勢国住人也
祐源房　中開山　天文二十四年七月十四日（天文以下を抹消）
妙永　母　伊勢住人
妙西　女子　天文廿年六月十二日
タカハヤシ
祐仏　男子　弘治三年六月八日　　覚祐　仏道寺ニ住、祐源子也
天正四丙子七月十四日
シンホツナリ
タカハシ
道源　弘治四辰（ママ）年十月廿二日　弥九郎衛門法名ナリ
同
道作　祐源父也　タカハシ　天文廿年六月十五日
同
祐心　祐源子也　タカハヤシ　永禄二年六月四日
同
祐珍　祐子（ママ）也　タカハヤシ　永禄二年十二月十三日
同
道周　アサツマ
盛祐　同所
竹林
妙源　仏道寺坊守　楞厳院室道順孫四郎左衛門殿ムスメ也、逆修
アサツマ
妙心　永禄二年三月廿日　是女廿二歳死ス、□次郎御内、楞厳院九郎左衛門オムスメ也
妙祐　十一日　祐源子也

ここにみえる祐源と覚祐は、仏道寺名帳に、

七世　祐源法師　天文二十二癸丑年五月六日

八世　覚祐法師　天正十壬午年九月十四日

とあって、記載の没年月日は違うが、同一人物と考えて差し支えないであろう。おそらく、六世覚源から七世祐源の間に仏道寺住持が空白となり、伊勢国住人であった祐源が跡を継いだものと思われる。

祐源の両親、坊守（妻）、子どもたちの家族ぐるみで名帳に加わっている。書かれた年代はわからないが、祐源の名の右上に「元亀二年十二月廿七日」とあるのは、そのときに加わったとみられる。というのは、坊守の妙源は「逆修」と注記され、生前に書かれた唯一の人物であり、おそらく、妙源が家族の名を加えるように計らった可能性がある。

家族ぐるみで加わっているのは祐源のみではない。名帳をみてゆくと、アサツマの油屋五郎左衛門先祖や同じく油屋助右衛門夫妻、娘が記載されている。確定はできないが、最初に記された米原イシクラヤ円仏も同様であったと考えられ、おそらく名帳の大部分は地域ぐるみ、家ぐるみで記載されたものとみて差し支えないと思われる。

永禄の名帳は、四三五名で、門徒分布は犬上郡甲良町の小川原村・北落村が八五パーセントを占め、その他は多賀町、彦根市、長浜市と米原に散在している。まさに地域ぐるみの名帳である。現在、小川原村には大永年間（一五二一〜二八）の建立と伝える円覚寺と永禄八年（一五六五）の中興

と伝える願照寺、北落村には安楽寺がある。名帳に小川原・北落村が大多数を占めるのは、ちょうど両寺が建立された前後のことであろう。なお、『近江国坂田郡志』に紹介される文書に、円覚寺・願照寺・安楽寺がみえ、明照寺蔵の享保十六年（一七三一）から宝暦三年（一七五三）までの「近キ過去帳」があり、江戸時代中期まで、両寺との関係が継続していたことを思わせる。なお、名帳のなかに、元和三年六月二十一日没の「釈性祐禅定尼」について、「明照寺」と注記されており、妻か娘であったかはわからないが、寺にいた女性であろう。元和六年二月十四日没の「釈順性禅定尼」も、「禅定尼」としているのはこの二人だけであって、注記はないが、寺の一族であろうと思われる。

以上から、明照寺は在地のみでなく、広く犬上郡、彦根市、長浜市に教線を延ばしていたことがわかる。ちょうど米原が湖東から湖北への仏光寺派の教線の出発点であったともいえる。明照寺の名帳は、以下に述べる湖東の絵系図と同様の役割を果していたといえるだろう。

三　光明寺絵系図

竜王町川上光明寺の絵系図は大別すると、

（A）室町〜江戸時代の「当寺」と呼ばれる寺絵系図（住職相承系図）および地域の絵系図

（B）同時代の地域別門徒絵系図

表3 光明寺絵系図概要

地域別	紙数	年代	備考（在所寺院、開基）
当寺（寺・門徒）	42	建武3～慶安1	寺絵系図＝了源—十世性源・断簡に洞真・定源アリ
雑（断簡）	3	天正2～慶長18	門徒絵系図在所寺院＝林村常信寺、元和7村田伝兵衛開基、開基夫婦絵像・小口本誓寺、三論→天台、真気神社神宮寺、建暦2光誓中興
粟津	12	明応6～寛永13	大津市粟津
西院	17	明応4～寛永6	京都市右京区
雑（断簡）	8	永正7～寛永2	
浅小井	4	元亀1～寛永7	近江八幡市浅小井仏性寺、文禄4仏立禅寺建立→延享2仏光寺ニ転
雑（断簡）	1	慶長カ	
川守	9	文明5～寛文1	竜王町川守西光寺、天台→元禄1教善中興
木村	10	弘治2～正保3	蒲生町木村長徳寺、伝聖徳太子→空円（正安1没）中興
大房・津田	15	明応2～天正20	近江八幡市大房町蓮光寺、延徳1浄慶中興、15～16世紀初阿弥陀仏絵像アリ・同南津田町正覚寺、応永3教善開基
雑（断簡）	1	大永2～天文4	
政所谷	24	明応2～寛文5	旧神崎郡永源寺町政所光徳寺、天台→慶長1仏光寺ニ転・杠葉尾光林寺、天台→天和3仏光寺ニ転、春日神社神宮寺
僧尾	62	文明3～天和2	神戸市北区淡河町北僧尾光善寺、享禄3教円開基・同光徳寺、享禄1宗悦開基・同南僧尾慶福寺、法道草創、天正年間仏光寺ニ転・同極楽寺、法道草創、天正6兵火後仏光寺
雑（断簡）	4	天正11～延宝5	

			ニ転、明治以後無住・同長福寺、永享2草創、寛永2宗円開基
田中	13	文明2～寛永6	竜王町田中浄満寺、天台→延文1中興、寛延3創建
横関	5	長享1～寛永15	竜王町横関光円寺、開基不明・同鏡大願寺、宝永年間円智
雑（断簡）	1	天正10～慶長5	ノ時仏光寺ニ転
須恵	5	元和2～寛永15	竜王町須恵栄勝寺、天正年間道法開基
トバ、雑（断簡）	2	文禄2～5	
雑（断簡）在所不明	22	天文18～享保2	

（注）地域別分類は戦前に光明寺前住職が整理・復元したものである。断簡は便宜上「雑」としたが、在所の明らかなものは、在所に別記した。在所寺院由緒は『仏光寺辞典』・『近江蒲生郡志』・『近江愛知郡志』・『竜王町史』・竜王町仏教会編『寺院要覧』・『近江八幡町史』・深谷弘典『永源寺町の歴史探訪』・『兵庫県美嚢郡誌』などを参照した。

に分かれる。地域別門徒絵系図は「粟津」「西院」「浅小井」「川守」「木村」「大房・津田」「政所谷」「僧尾」「田中」「横関」「須恵」に分類されるほか、断簡がある。（A）の地域絵系図と（B）については、（A）（B）とも共通する地域が多いが、相互の関係は明らかではない。粟津、西院、政所谷、僧尾を除いて竜王町と近江八幡市に集中しており、現在は光明寺とは無関係であるが、西院を除く地域に仏光寺派の寺院がある。(14)

光明寺は仏光寺六坊の一である奥坊（教音院）の三世空寂がこの地に移って創建したものという。開基高円（光明寺絵系図では光円、元弘元年〈一三三一・元徳三年〉八月九日改元、六月二十三日没）は奥坊を京都西院に創建したと伝え、了源が仏光寺を汁谷竹中荘に移したとき、西院から移転し、天正十四年（一五八六）の本山移転にともなって現在地に移ったという。(15)

住職の歴代については、史料はほとんど残っていないが、所蔵の絵系図中、寺絵系図（住職相承系図）に該当する「当寺」に住職歴代の名が記されるほか、昭和十二年（一九三七）改築の際の棟札により、光鎮（康安元年二月二十六日没）―空寂（川上一世）―源妙―性円―蓮性―良空―蓮覚―性願―一乗―乗円―性源（十世、天正二年没）―願明―洞真（慶長十八年没）―教翁―教意（以下略）と法灯を受け継いできた。棟札によると、元禄八年（一六九五）十三世・十四世教翁・教意のとき本堂を大改築、文政年間（一八一八～三〇）十八世貞寿尼、光澤のとき、本堂屋根西側の破損を改修し、その後明治・昭和に改築が行われたことがわかる。元禄の改築は、本堂の瓦に「元禄八年八幡北庄　瓦師仁兵衛」の銘がある。

光明寺絵系図は序題はなく、紙本で巻子仕立てになっており、全体として中近世の門徒絵系図のなかでも美術的にも優れ、在京の絵師の手になったものと考えられる。絵像はすべて同筆ではなく、年代によって描き手が異なる。

「当寺」は寺絵系図に相当する光明寺歴代夫妻を中心としているが、続いて描かれる地域の部分と、別巻になっている地域別絵系図は、村の入信者夫婦と祖父母・父母・乳母や息子・娘・孫たちで構成されるほか、ときには夫や親の兄弟・姉妹も描かれている。

大人は俗形の男性二点、女性一点を除きすべて僧形である。男性のうち一名は成人であるが、もう一人は十七歳（「粟津」宗久）で、童形とみるには成人に近く、中間に位置させていると考えられる。女性絵像は絹本で、あるいは別のものかもしれない。記載はなく、髪を長く垂らした小袖姿である。僧形の衣服は男女とも同一であるが、顔面は男性と女性とで描きわけており、男性はあごの剃りあとがあり、女性は顔を白く、頰に紅をさしたり、年齢相応に皺を描くなどの注意のあとがみられる。

子どもたちは美しい晴れ着姿で、絵柄は、花や縞や格子柄、左右の柄の異なるものもある。晴れ着姿は十三歳まで、そのほか白・薄青・朱色無地の童形や僧形もある。(16) 確認した範囲では、薄青無地の僧形の年長者は十六歳（「当寺」僧尾キフト明金）である。また、黒衣、袈裟を着け、大人よりも小さく描いた僧形もある。十四歳を境に僧形となるのかもしれない。頭髪は、男女とも垂れ髪か髪を結いあげ、前を残して剃っていたり、剃髪した童子もいる。時代で変化しているので、一様にはとらえにくいが、「僧尾」の場合、寛文年間（一六六一〜七三）以後、色無地で剃髪姿の子どもが増加する。

絵像自体は純粋な意味での肖像画ではなく、類型化されたものである。制作の過程については明らかではないが、ところどころ絵像のかたわらか、絵像に隠れるように、薄墨の別筆で「七十入道」とか「四十五のあま」などの書き込みがある。これは、道場主が注文するときに書き込み、画家はこれによって性別・年齢相応の絵像を描いたものと推測される。(17)

身分・職業については、記載の一例を挙げておくと、

当寺＝下人妙西（僧尾キフト、永正年間ヵ）、神主道一（林村、天正六年）、カチ道妙（断簡、林村、天正二年）
西院＝クスリヤ妙慶（西院モロマチ、天文二十二年）
浅小井＝大工弥左衛門（文禄五年現存）
僧尾＝コウジヤ市大夫（寛永十六年現存）、ケヌキヤ善久（慶長十六年）・忠大夫（寛永二十年現存）、楽頭次左衛門（慶長十五年現存）、カチヤ円仏（永正五年）
政所谷＝コウヤ正仏（享禄元年）、コウヤ九歳童女（天正三年）、酒屋妙善・善正童子・正善童子・妙心（天正八〜十年、十九年）、シヤウム（荘務ヵ）妙善（天文十八年）、カウチヤ兵衛二郎・妻（年不明）、カウチヤ道願（天正十二年）・妙徳（永禄三年）
大房・津田＝シヤウケ（荘家ヵ）某（永禄元年）・シヤウケ子妙椿（大永三年）・シヤウケ明智（永正元年）・シヤウケトノ妙観（年不明）、ハシヤク（馬借ヵ）道性（年不明）、コメヤ正妙（永正四年）、カウシヤ子道祐（文亀三年）、神主道音・妻（断簡、天文四年）
横関・須恵＝ミツノミ妙性（永正九年）

などを挙げることができる。「僧尾」の楽頭であるが、南僧尾には、観世小次郎信光の流れをひき、秀吉・信長に賞せられて脇大夫を勤めた福王大夫神右衛門盛忠（慶長十一年没）が住んでいた。福王大夫は松尾社に奉仕するかたわら、淡河氏や有馬氏、三木城主別所氏からも扶持を受け、三木落城後も大宮八幡では祭礼のとき福王大夫が能を奉納することになっていたという。(18) 次左衛門は、福王大夫（代々甚兵衛を名乗っていた）ではないが、楽頭を務めていた人物であろう。「政所谷」については、光薗院所蔵の慶長四年（一五九九）『御影堂作事之使日記』[19]慶長三年正月十三日項に、「銀子渡方、奥坊分」として「三斗、此銀子四匁弐分八リン、政所手間十人、報謝大工廿工」とあって、天正十四年の仏光寺移転に伴う御影堂建立に政所谷大工が参加していたことが確認できる。

神主がいるのは、先に指摘しておいたように、真宗寺院と神社との関係を示すものであろう。阿弥号をもつものとしては浄土寺善阿弥（「当寺」慶長三年）、ヲクチ道阿弥（「横関・須恵」永正十二年）、ヲフサ善阿弥（「津田」年不明）、木村正阿弥（「木村」年不明）、他宗派と思われるものに、祐源律師（「川守」慶長十六年）がみえる。

絵系図には下人・ミツノミもいるが、シヤウム・シヤウケにみるような荘官クラスを含む上層農民、馬借、麹屋、米屋、酒屋、鍛冶屋などの商工業者もみえるので、門徒に在地の有力者が多くを占めていたと思われる。

ちなみに、『御影堂作事之使日記』慶長四年四月二日項に「拾五匁七分五リン、飯米五十弐人半、大工、此内三拾工、浅小井弥左衛門報謝也」、同年五月二日項に「六匁、三月十三日ヨリ廿三日マテ大工廿工ノ飯米作料ハ報謝アサコイ弥左衛門」とあり、文政年間の光明寺の再建のときには、浅小井小西九兵衛ほかの助成を得ており、浅小井の人々の経済力が窺える。

近江はいつも戦乱の真っ只中にあり、絵系図の人々も決して無関係ではなかった。田中村道海は五十六歳の入道であったが、天正四年五月二日に「天王寺ニテ打死也」と記されている。五月二日といえば、一向宗門徒が住吉を攻め、翌日天王寺を攻めて原田備中守が打ち破られた日であった。道海がいずれの軍に加わっていたかは不明だが、絵系図の人々のなかには、道海のように討死した人や、いくさに巻き込まれて死んだ人も多くいたことだろう。

四　生者か死者か

さて、絵系図は、原則として男性絵像は上、女性絵像は下に描かれるが、光明寺の場合、必ずしもそうなっていない。「当寺」寺絵系図の部分は原則どおりだが、門徒絵系図は女性の絵像が上に描かれていたり、男性絵像が下に描かれており、子どもは性別に関係なく上下両方に描かれている。

初期絵系図は生存中に描かれるのが原則であった。村井康彦氏は、京都光薗院本が「永正年間（一五〇四〜二一）の人物に至って、その没年や往生の時刻が表書きされるようになる。「入信時」から「往生時」へと関心が移っていることを示し、換言すれば絵系図の〝過去帳化〟が進行したことが知られよう」と指摘された[20]。たしかに室町後期以後の絵系図は、その大部分が没後の追善供養を目的として描かれる場合が多い。

現在も湖北町馬渡光源寺や旧・浅井町野瀬光福寺で描かれている絵系図は、「ハカ」と呼ばれて、木版刷の半紙大の紙に死者を描き、毎年の盆に五十年間読み上げる儀式「ハカマイリ」を行っている。木版刷になったのは、寛文年間からで、絵像のかたわらに、死者を供養する年数が書かれたも

のもあり、「ハカマイリ」が江戸時代に遡るものであることが確認できる。(21)

光明寺の絵像が生前か死後のいずれに描かれたかは、現在のところ明らかでない。というのは、死没年月日の部分が、法名や在所・俗名などの記載部分と同筆とはいいがたいものが存在するからで、生前に描かれ、亡くなってから死没年月日を記入する場合があることを想定できるからである。

明らかに生存中に描かれたことが判明するのは、絵像のかたわらに「現存」とか「逆修《ぎゃくしゅ》」、または「イキケイス」と記される場合がある。この場合の年月日は死後に記入されたものである。光明寺絵系図から、これらの文字をひろってみると、最も早いのは、年月日を欠くが、「当寺」西院葛野の「道性」(三十九歳)で「逆修」とある。道性の前に、応仁二年(一四六八)三月二日「誓道」、文安二年(一四四五)正月三日「道真」の日付があり、あとに康正二年(一四五六)正月二十二日「シルタニ第七世明願」、康正三年六月三日「覚妙」があるので、康正二年から応仁二年の間であることはほぼまちがいない。ついで、永禄・明暦年間(一五五八〜一六五八)にわたってみられるが、とくに多いのは天正・文禄・慶長年間(一五七三〜一六一五)である。同様の記載は光明寺のみでなく光源寺、光福寺、湖北町津里光照寺にもみられる。光照寺の場合、元和五年(一六一九)七月八日、「逆修」として絵系図に描かれた妙琳は、寛永十一年(一六三四)九月二十六日の日付を入れて、先の日付と「逆修」を抹消しており、没後に訂正している例といえる。

「現存」「逆修」がわざわざ記されるのは、逆に、死後に絵像が描かれるのが一般的であったためと考えてよい。存命の人が、死者を弔う目的で死者の肖像を描き、自らも描かせたものであろう。

「現存」「逆修」は男女両方に記され、男性（夫）・女性（妻）が死んだ配偶者の肖像を描かせ、同時に自分も描かれるケースが多い。とすると、年月日が異筆で記される場合も、存命中に描かれた「逆修」「現存」で、亡くなってから死没年月日が記入されたのではなかろうか。光薗院本絵系図が永正年間から過去帳化したのは事実としても、もっと早くから過去帳化していた可能性を考えてよいのではないかと思われる。

戦国期から江戸時代初期の絵系図で注目されるのは、夫婦の父母・子どもを単独に描くだけではなく、乳母をふくむ家族単位で描かれるケースがみられることである。

田中村の「正覚」をみてみよう。

（絵）
田中　三十八才
道真
天正四年子十一月十九日

（絵）
日野ノ上市
妙一　現存
田中正覚ノムスメ　四十九才

（絵）
田中
正覚　七十五ノトキ

（絵）
田中正覚ノウハ
妙西　六十一ノアマ

天正九年正月十一日

（絵）
田中　正カクノ子
覚正　廿六ノ入道
天正九年正月七日

（絵）
正カクノムスメ
妙法　廿サイ
天正九年正月十一日

（傍線引用者）

正覚の娘で日野の上市に住む「妙一」は「現存」、子「覚正」は天正九年正月七日、娘「妙法」と正覚の乳母「妙西」は正月十一日の記載がある。妙一が現存していることと、覚正が正月七日、妙法と妙西が十一日という日付を死没年月日と考えれば、正覚も現存し、自分自身と家族の肖像を描かせたのは正覚ではなかったかと思われる。

次に木村の「善徳」の場合は、

（絵）
キムラ徳左衛門尉善徳ノ親父
法忠　六十三ノ入道
弘治二年四月十四日

（絵）
同ウバ
妙正　六十三ノアマ
永禄五年四月廿三日

図 4　光明寺絵系図・「田中」正覚一家

図 5　光明寺絵系図・「木村」善徳一家

（中略）

木村　元亀弐年六月廿日

七十八入道

幸阿弥

（絵）

キムラトクサヱモン　現存

（絵）

善徳

慶長十二稔二月十三日

（中略）

七才ノ童子

（絵　童形）

キムラトクサエモンノ子

天正弐甲戌正月十一日

九サイ童女　木村トク左衛門ムスメ

妙正

（絵　童形）

キムラ　卅三　現存　ナベ

（絵）

四十　現存　トク左衛門ノ内

（絵）

（絵）

キムラノマツ田中ニイル人也　現存

正善
天正六丑年正月廿九日
（傍線引用者）

キムラトクサヱモン、法名善徳（木村徳左衛門尉）は、絵像に描かれた当時は生存しており、側に記入された慶長十二年に亡くなっている。おそらく、娘「妙正」の亡くなった天正二年後に娘とともに描かれたものであろう。善徳横の「幸阿弥」は善徳と同じ畳に座っており、妻と「ナベ」も同じ畳で、朱線でつながっており、いずれも家族の可能性があり、善徳夫婦・娘と同時期に描かれたものと考えられる。

善徳の親父「法忠」は弘治二年（一五五六）、同乳母妙正は永禄五年にみえ、法忠の側に「徳左衛門尉善徳ノ親父」と注記されている。乳母の「妙正」は法忠より八歳年下である。先の田中村正覚の場合も、乳母よりも正覚のほうが年上である。同じような例は絵系図中にしばしばみられ、あるいは法忠と性的関係のあった女性かもしれない。善徳の家族としては、ほかに天正二十年二月五日に亡くなった孫娘妙祐、天正六年正月二十九日に亡くなった七歳の子正善がいる。現状では法忠と妙祐、善徳の絵像は離れているが、もとは一連のものであったようである。

光明寺絵系図に描かれる人々の在所には、本書二〇四〜二〇五頁表3に示したとおり、現在仏光寺派寺院がある。地域の寺を調査した結果、寺としての体裁を整えるのは江戸時代中期であるが、戦国期から江戸時代初期に道場となっている。地域の村々に道場ができるのと平行して、家族ぐるみの肖像がでてくるわけである。

江戸初期になると、絵像は上下ではなく対座が増加する。これは光明寺だけでなく、伊庭妙楽寺・長浜市加納円光寺の絵系図も同様である。

絵系図ではないが、常信寺（竜王町林）に、開基村田伝兵衛（源斎）夫婦の対座絵像がある。夫は寛永十七年、妻の妙久は寛永八年に亡くなっている。村田氏はもと六角氏の被官で、伝兵衛は武智光秀親子とともに観音寺城に放火し、若君を伴って林村に住み、若君没後農家に下ったと伝えられ、寺は佐々木義秀嫡男義郷の舎弟義高の菩提を弔うために館の巽方に建立したという。絵像は、当初は夫婦を供養するために描かれたもので、のち開基絵像とされたと考えられる。

図6　常信寺開基絵像

夫婦あるいは家族の対座絵像が、子孫によって祀られるためのものであったとすれば、朱線によって了源から光明寺、さらに地域の門徒に連なる系図としての意味は薄くなり、たんに寺と家をむすぶ役割に変わる。寺と家との関係のみであるならば、門徒の集合体である絵系図よりも地域の道場のほうが深くかかわることが可能である。

光明寺絵系図は、戦国～江戸初期にひとつのピークを示して次第に減少し、享保二年（一七一七）の一点で消え去る。絵系図が消え去るのと、地域の道場が活動しだすのもほぼ同時期である。おそらく、「家」単位で宗派に属するようになった時点で、光明寺の絵系図の役割は終了し、地域の道場が継承したのではないだろうか。

五 「カタミヲノコス」

絵系図批判としてしばしば引用される本願寺覚如の『改邪鈔』に、

> タトヒ念仏修行ノ号アリトイフトモ、道俗男女ノ形体《きようたい》ヲ、面々各々ニ図絵シテ所持セヨトイフ御オキテ、イマタキカサルトコロナリ、シカルニイマ祖師先徳ノヲシヘニアラサル自義ヲモテ、諸人ノ形体ヲ安置ノ条、コレ渇仰《かつごう》ノタメ歟《か》、コレ恋慕ノタメ歟、不審ナキニアラサルモノナリ、本尊ナヲモテ観経所説ノ十三定善《じようぜん》ノ第八ノ像観ヨリイテタル丈六八尺随機現《ずいきげん》ノ形像《きようぞう》ヲハ、祖師アナカチ御庶幾《ごそき》御依用《ごえよう》ニアラス、天親論主ノ礼拝門ノ論文、スナハチ帰命尽十方無碍光如来ヲモテ、真宗ノ御本尊トアカメマシ〳〵キ、イハンヤソノ余ノ人形《にんぎよう》ニヲイテ、アニカキアカメマシマスヘシヤ、

とある。

絵系図は覚如によれば、「道俗男女ノ形体ヲ面々各々ニ図絵シテ所持」するものであり、「諸人ノ形体ヲ安置」するのは「渇仰ノタメ歟、コレ恋慕ノタメ歟」と問いかけ、祖師親鸞は帰命尽十方無碍光如来を本尊として崇めたのに、どうして「余ノ人形ニヲイテ、アニカキアカメマシマスヘシヤ」というのである。

この、余（道俗男女）の「人形」を描いてこれを崇めることが目的であったとする点に注目したい。「人形」は、祖霊を祀るための「形代《カタシロ》」と同義語で使用されたと思われる。

絵系図序題に、「コレスナハチ、カツハ次第相承ノ儀ヲタ、シクセシメンカタメ、カツハ同一念仏ノヨシミヲオモフニヨリテ、現存ノトキヨリソノ面像ヲウツシテ、スヱノ世マテモソノカタミヲノコサントナリ」とある。この「カタミヲノコサントナリ」とは、「ヒトガタ」であり「カタシロ」にほかならず、それは「スヱノ世」までも残されるものであった。

ところで、僧侶、貴族や武士の肖像画が、没後供養の対象とされることはしばしばあるが、南北朝・室町期になると、妻が亡くなった夫のそばに自分の姿を描き添え、これを供養の対象とするものがある。

『師守記《もろもりき》』康永四年（一三四五）三月二十五日条「顕心諷誦文《ふじゅもん》」によると、二月六日に没した中原師右《もろすけ》の七七日に当たって、師右の妻顕心は阿弥陀三尊来迎絵像を描かせ、そのなかに夫の影像を描かせた。同年八月二十三日に亡くなった師右の妻は、このとき存命していたが、夫の死後二週間後に出家して尼となり、顕心と号している。死者の絵像とともに逆修として描かせたものであろう。

この絵像は一周忌仏事にも用いられ、貞和三年（一三四七）二月五日に三廻仏事が営まれたときは、息子の師茂が、新しく阿弥陀三尊絵像中に父師右と母顕心の二親を描かせた。師守は、康永四年八月二十六日に、四条高倉の持蔵堂で「弥陀三尊幷《(ママ)》びに先考（師右）先妣（師右妻顕心）覚妙（師守姉）等」の「形代等」を供養した。貞和三年三月二十三日にも「三尊聖容ならびに形代等」を供養しており、死者たちの絵像は「形代」と呼ばれていたのである。(22)

同じく時衆であった吉田家でも夫婦の絵像が制作され、忌日供養の対象となっている。応永九年（一四〇二）五月三日に亡くなった吉田兼熙のために、兼熙と存命中の妻を、法体で法衣・袴、鈍色の袈裟をつけた姿で描かせている。(23)

阿弥陀来迎絵像の下に夫婦像を描いた例としては、南北朝から室町初期の作品とされている高田専修寺（真宗高田派、三重県津市）蔵の絹本著色阿弥陀如来像がある。(24) 正面向きの来迎絵像で、その前に白衣に袈裟を着けた姿で男女二人が向き合っている。時代的には南北朝から室町初期の作品であるという。真宗の場合、原則的に来迎像は描かないので、もとから真宗の絵像であったかどうかは明らかではない。また、岩手県北上市に応永二十三年七月上旬の年紀を有する善導絵像の下方に、某居士（法名不明）が、祖父道仙禅門・祖母道祐禅尼・先考道清禅門・先妣聖森禅尼のために描かせた家族の絵像がある。(25)

中原師右夫婦、吉田兼熙夫婦の絵像など、現存するこれら絵像も「形代」であり、「カタミ」である。「カタミ」は、貴族や武士の世界だけでなく庶民レベルにまでひろまった。それはいうまでもなく、近江の湖東・湖北の寺院に残る村の人々を描いた絵系図である。夫婦、父母、兄弟、子どもたちの絵像が「カタミ」として描かれ、そばに生き残った者が描かれた。絵系図は、仏光寺教団のみ孤立した存在ではない。高僧、貴族や武士たち、そして庶民レベルに至るまで、死者の「カタミ」の肖像は、中・近世社会にひろく求められていたものだったのである。

註

（1）神田千里「「本福寺跡書」に関する一考察」（『仏教史学研究』三三―二号、一九九〇年、のち『一向一揆と真宗信仰』、吉川弘文館、一九九一年に再録）。

（2）脊古真哉「湖北の真宗道場――方便法身尊像の機能を手がかりに――」（『宗教民俗研究』六、一九九八年）。

（3）表1・2参照。寺院数については『真宗仏光寺派寺院名簿』のうち、明治以後と不明分、道場・説教所を除いた。開基伝承は『仏光寺辞典』（仏光寺、一九八四年）と『近江蒲生郡志』『近江愛知郡志』『近江栗田郡志』『近江坂田郡志』『東浅井郡志』『竜王町史』『近江町史』『近江八幡町史』などを参照し、調査寺院については寺伝を参考にした。

（4）柏原祐泉「近世真宗寺院における神祇受容の実態」（『日本仏教』六、一九六〇年、のち『日本近世近代仏教史の研究』、平楽寺書店、一九六九年に再録）。

（5）開基仏・リンジュウブツ・オソーブツについては、蒲池勢至『真宗と民俗信仰』（吉川弘文館、一九九三年）、同「オソーブツ再考――湖北地方を中心として――」（『仏教史学研究』三八―一、一九九六年）に詳しい。

（6）たとえば、『本願寺史』一巻（浄土真宗本願寺派、一九六一年）は、末寺の増加は蓮教子蓮秀のときであるとし、佐々木篤祐『仏光寺史の研究』（本山仏光寺、一九七三年）は、仏光寺四十八坊の存在は否定しないが、門徒数万について疑問視する。なお、熊野恒陽「興正寺の開創と蓮如上人」（『蓮師教学』三号、一九九三年）は、永正年間以後の末寺の増加については、興正寺末として開基仏が下付されたり、寺号を許可される寺院が永正年間に現れていたからであり、伏在的に存在していたとする。
(7) 十三仏については、一九九四年八月二十四日に八幡別院西方寺で行われた「廻り念仏」、一九九五年五月十五日の日牟礼八幡宮「十三仏祭」調査による。
(8) 大橋力・河合徳枝「近江八幡十三郷の伝統的環境制御メカニズム」(『社会人類学報』八、一九八二年)、なお、近江湖東の水利慣行と神社祭祀との関連については、政岡伸之「近江湖東における神社祭祀の地域的展開——滋賀県神崎郡の建部祭の場合——」(『鷹陵史学』一八、一九九二年)に詳しい。
(9) 福島崇雄「真宗仏光寺派八幡別院史稿」(私家版、一九八三年)に紹介。『十三軸由来書』は、八幡宮氏人の舟木村西川忠左衛門、馬場村渡来林静、津田南庄深尾道寿、大嶌之脇石井可信の四名から丹波五郎左衛門・柴田瀬平に提出されたもので、本文は芦浦観音寺にあり、元禄元年に下物村久松清右衛門の依頼で照雲がこれを写したものが、別院直門徒天雷家にあるという。
(10) 藤葉性信『妙楽寺史』(妙楽寺、一九七七年)、拙稿「絵系図に見る「家」の祭祀」(『月刊百科』二八八号、平凡社、一九八六年、のち日本歴史民俗論集六『家と村の儀礼』、吉川弘文館、一九九六年に再録、本書収載)参照。
(11) 願成就寺は、聖徳太子建立の伝承があり、天台宗延暦寺正覚院末である。もとは日牟礼八幡の西北に位置する大寺で、日牟礼八幡は願成就寺と興隆寺二カ寺の鎮守であった。現在は小船木町に移転している(『近江輿地志略』『滋賀県八幡町史』)。
(12) 神田千里『一向一揆と真宗信仰』第二—三「名帳・絵系図の分析」参照。
(13) 『滋賀県の地名』(『日本歴史地名大系』、平凡社、一九九一年)。
(14) 光明寺絵系図概要、関連寺院については、拙稿「光明寺絵系図について」(『相愛大学研究論集』一一、一九九五年)、神田千里・西口順子『中・近世における近江の村落と信仰(絵系図の基礎的研究)』(文部省科学研究費報告書、一九九六年)を参照されたい。
(15) 平松令三『真宗重宝聚英』第一〇巻(同朋舎、一九八八年)、光明寺絵系図解説。

(16) 宮島新一『肖像画の視線』(吉川弘文館、一九九六年)。宮島氏は光明寺絵系図に注目し、「当寺」の子どもを分析され、俗体剃髪姿の子どもは、大人と子どもの中間扱いであると考えられている。
(17) 岡村喜史氏のご教示による。
(18)『三木市史』(一九七〇年)、『神戸の民俗芸能』兵庫・北編(神戸市教育委員会、一九七七年)。
(19)『真宗史料集成』第四巻『専修寺・諸派』(同朋舎出版、一九八二年)。
(20)「絵系図と絵系図まいり」(『日本美術工芸』四一九、一九七三年)。
(21) 註(10)拙稿参照。
(22) 拙稿「女性と亡者忌日供養」(『中世を考える　仏と女』、吉川弘文館、一九九七年、本書収載)に述べたので併せて参照されたい。
(23) 天理図書館蔵『吉田家日次記』「兼敦朝臣記」応永九年六月十九日条。閲覧を許可された天理図書館にお礼を申し上げたい。
(24)『真宗重宝聚英』第三巻(同朋舎、一九八九年)、『高田本山の法義と歴史』(同朋舎、一九九一年)。
(25)『真宗重宝聚英』第六巻(同朋舎、一九八八年)。

あとがき

本書は、拙著『女の力――古代の女性と仏教――』(平凡社、一九八八年)以降に発表したものを収録したもので、いわば、遅ればせの『女の力』続編というべきものである。論文の配列は年代順や発表年次とせず、それぞれの主題のもとに並べかえた。したがって、わたくし自身の考え方もかなり変化しているが、あえて統一せず、多少語句を統一する程度にとどめた。以下、簡単にコメントを付しておく。

I 「家」と尼

女性出家者を「家」の仏事との関連で考察する。「女性と亡者忌日供養」(『中世を考える 仏と女』、吉川弘文館、一九九七年)は、尼・尼寺の仏事と「家」の仏事との関連でこれをとらえる。「天皇家の尼寺」(書き下ろし)は室町時代における天皇家の尼寺の役割を後花園天皇の死を通して考察したもので、文部科学省科学研究費補助金基盤研究B(「尼寺文書調査の成果を基盤とした日本の女性と仏教の総合研究」、研究代表者・岡佳子)による研究成果の一部として、二〇〇二年六月に尼寺文書研究会で報告したものをまとめた。報告の際に牛山佳幸・原田正俊氏からご教示をいただいた。記してお礼申し上げたい。

Ⅱ　性と血筋

「女性の霊性」を問題とする。「巫女の炊事と機織り」（『音と映像と文字による大系日本歴史と芸能』1、『立ち現れる神——古代の祭りと芸能——』、平凡社・日本ビクター、一九九〇年）は、編集の故内山直三氏から「存在感のある巫女像を書くように」と依頼された。ご存命であったならば故高取正男先生が執筆されたかもしれないと思いつつ、ちょっと高取ふうに書いたもので、感慨の深いものがある。厳しい内山氏からオーケーがでたので、あれでよかったのだろうか。「性と血筋」（シリーズ・女性と仏教4『巫と女神』、平凡社、一九八九年）は、託宣が発される装置について、王権と女性のかかわりでとらえた。託宣する女性は、女性の一生のなかのある瞬間、突如として現れる。「女性の霊性」の視点は、次章「成仏説と女性」に連なるものである。

Ⅲ　僧と妻

かつて「僧の妻」（『女の力——古代の女性と仏教——』）で考察した僧の妻・家族の問題を、信心の側からとらえようとしたものである。「成仏説と女性」（原題「成仏説と女性——「女犯偈」まで——」、『日本史研究』三六六、一九九三年）は、僧の妻帯の正当性を「観音の化身たる女性」とする「女犯偈」を通して考える。親鸞はなぜ女のところに走らないで法然のもとに赴いたのか、との批判もあろうが、恵信尼自身は「女犯偈」によって法然のもとに赴いたと確信していたのではないだろうか。なぜ、という回答を今のところ用意していないが、恵信尼書状は、前段に六角堂の示現すなわち観音の化身である妻像、後段の恵信尼の夢で観音の化身たる夫像、その両方を娘の覚信尼に書き送っていることに注意すべきではないかと考えている。「恵信尼書状について」（原題「「恵信尼書状」私論」、京都女子大学史学会『史窓』四八、一九九一年）は、恵信尼書状の分析から、中世女性の心性を探ろうとしたもの。なお、本文に引用したジェームズ・C・ドビンズ氏の研究は、のち翻訳が「女性のまま浄土に生まれた女性達──恵信尼文書研究から──」（栗岡由布子訳、山田明爾編『世界文化と仏教』、永田文昌堂、二〇〇〇年）と題して公表されている。また、中前正志氏「浄土思想と女性──恵信尼の極楽往生──」（『国文学　解釈と鑑賞・特集女性と仏教』、六九─六、二〇〇四年）は院政期の現身往生との関連で恵信尼の往生についての意識を明らかにされている。

Ⅳ　絵系図の人びと

中世後期仏光寺教団で、近江湖北・湖東の村の人びとを描いた絵系図を素材として村落における寺と村の人びとの信心を考える。一九八三年夏、東近江市能登川町伊庭妙楽寺の絵系図まいりのを見学したのがきっかけで、絵系図の存在を知った。その後、一九九三年から九五年に文部省科学研究費をえて、遠藤一・岡村喜史・蒲池勢至・神田千里・草野顕之氏と、絵系図所蔵寺院と絵系図に描かれる村の寺院の調査を行った。昼は強行軍のうえ、夜は飲みながらの議論で身体的にはかなりつらかったが、真宗史を勉強してこなかったわたくしにとって、家庭教師つきの調査という贅沢な、そして楽しい時間であった。「絵系図に見る家の祭祀」（『月刊百科』二八八、平凡社、一九八五年、のち日本歴史民俗論集六『家と村の儀礼』、吉川弘文館、一九九六年に再録）は、わたくしにとって初めての真宗史である。「中世後期仏光寺教団と村落」（原題「中世後期仏光寺教団と村落——近江湖東地域を中心に——」、『講座　蓮如』四、平凡社、一九九七年）は、発表当時のものに、湖東と湖北の中間地点に位置する米原の明照寺所蔵の名帳の分析を付け加えた。米原の仏光寺末寺と名帳については、『米原町史』第三章第三節「真宗教団の動向」に述べたので、参照していただければ幸いである。なお、執筆当初に参照できなかったが、湖北の絵系図について神田千里氏「絵系図にみる中近世移行期の村民の信心」（一九九五〜九七年度科学研究費補助金基盤研究Ａ〔1〕研究成果報告書、一九九八年）がある。

中世後期の多くの教団は、夫婦、一家、一族、一村を対象とした。蓮如は夫婦・一家・一族すべてが一向宗信者であり、男女（夫婦）を「十悪五逆ノ罪人・五障三従ノ女人」と呼んだ。法華宗においても、信者は夫婦、一家、一族同信が原則であったという（藤井学『法華文化の展開』、法藏館、二〇〇二年）。当面の課題ではないが、ここで取り上げた絵系図にとどまらず、当該期の仏光寺教団の動向に注意する必要があるように思われる。

大学卒業以来、わたくしは平安時代の寺院史と往生伝が主要な研究テーマとなっていた。まさかライフワークになろうとは思ってもいなかったが、女性と仏教を研究テーマとしたのは、一九八一年一月に亡くなられた高取先生が「女人往生を西口に書かせる」といっておられた、と聞いて以後のことである。

一九八三年秋に龍谷大学で行われた仏教史学大会の案内に、大隅和雄先生が「元亨釈書僧伝の母」という題で発表される、とあった。発表を聞かせていただいたあと、何か質問をしたように思うが、かなり興奮していたのであまり思い出せない。大会終了後ご挨拶に伺い、わたくしが女性と仏教に関心をもっていることを申し上げたところ、研究会をしようといっていただいた。東京と京都で女性史と仏教史の研究者二十人ほどが集まって研究合宿をしては、とお話をいただいた。当時わたくしは母校の図書館に勤務していた。京都女子大学大学院研修者中野千鶴氏と龍谷大学大学院生であった遠藤氏を中心として、龍谷大学の院生の皆さんが、京都の雑務の一切を引き受けてくれた。

一九八四年夏、高野山巴陵院での第一回サマーセミナーは日本史、国文学、民俗学の研究者四十人を超える参加があった。以後も平均六十人前後の参加があり、一九九三年まで続けられた。会報第一号の巻頭に、大隅先生が、「教団史・教理史を中心にして仏教史をとらえようとする限り、その中心に女性は登場しない」また、「仏教という枠を外して、日本人の信心・信仰の歴史というものを考えてみると、そこにおける女性の役割の大きさは、何人も否定できないであろう。神や祖霊と女性との関係は、日本人の信仰の中でさまざまな変容を見せ、信仰の具体的なあり方を生活の中で考えようとすれば、女性の役割を避けては通れない」と、研究会の目的と意義を明確に述べられた。日本仏教史では、女性について、「女人救済」として高僧や宗祖の教えを引用して述べることはあっても、女性の宗教的役割や活動はみてこなかった。たんに日本仏教史の補完にとどまらず、女性の視点から見直すことが、その後のわたくしの指標となっている。

期間限定ではあったが、研究会の活動は、重要な役割を果たしたといえる。一九八九年には『シリーズ』全四冊が刊行された。一九九〇年代には数多くの論文が研究誌に発表され、研究書も出された。また、勝浦令子・吉田一彦・西口順子『日本史の中の女性と仏教』（法藏館、一九九九年）、勝浦令子『古代中世の女性と仏教』（山川出版社、二〇〇三年）などの入門書も上梓された。女性と仏教という分野は女性史、仏教史のなかに市民権をえたかに思われる。

研究会が始まった頃は、研究をどのように進めたらよいか手探り状態であったから、いつも勝浦令子さんと、方法や史料の解釈について意見の交換をさせていただいた。研究会にずっとご一緒してもらった方々は、わたくしにとって大切な存在となった。女性と仏教、絵系図研究会、そして尼寺文書研究会の方々にはご迷惑かもしれないが、これからも刺激を与えていただきたいと願っている。

「定年退職はないよ」といってもらって、足手まといになるかと思いつつ文書調査に参加して近世文書と格闘するのも、尼寺文書研究会の報告も結構楽しい。また新しい問題を抱えることになった。積み残したことも、訂正したいことも多い。まあ、積み残したままで終わったならば、皆で分け持っていただこうか、などと勝手なことを考えている。

なお、今回の上梓にあたり、法藏館社長西村七兵衛氏、編集長上別府茂氏にご尽力いただだいた。

担当していただいた大山靖子氏にはなにかとご迷惑をかけた。深く感謝したい。

二〇〇六年二月

西口順子

西口順子（にしぐち　じゅんこ）

1936年京都市に生まれる。1959年京都女子大学文学部卒業。現在，相愛大学名誉教授。
主要編著・論文に，『大和国諸記』（『本願寺史料集成』，同朋舎，1981年），『女の力』（平凡社，1989年），「王朝仏教における女人救済の論理」（大系仏教と日本人８『性と身分』，春秋社，1989年），「日本史上の女性と仏教」（『国文学　解釈と鑑賞』56－５，1991年），「女性の出家と受戒」（京都女子大学宗教文化研究所『研究紀要』５，1992年），「近世の宝鏡寺宮」（薗田香融編『日本仏教の史的展開』，塙書房，1999年），『日本史の中の女性と仏教』（共著，法藏館，1999年），「蓮如と女性」（日本の名僧13『蓮如』，吉川弘文館，2004年），「中世後期における女性の出家」（『国文学　解釈と鑑賞』69－６，2004年），『平安時代の寺院と民衆』（法藏館，2004年）ほか多数。

中世の女性と仏教

二〇〇六年三月二〇日　初版第一刷発行

著　者　西口順子
発行者　西村七兵衛
発行所　株式会社　法藏館
京都市下京区正面通烏丸東入
郵便番号　六〇〇－八一五三
電話　〇七五－三四三－〇〇三〇（編集）
〇七五－三四三－五六五六（営業）

印刷・製本　亜細亜印刷株式会社

ISBN 4-8318-7469-8 C1021